Inhalt

Vorwort

Eine Idee ist am Ende: Die Familie ist tot. Sie war ein Dach über den Generationen, unter ihm haben Kinder, Erwachsene, Alte lange Zeit gemeinsam gesessen. Unter dem Dach herrschten nicht immer Frieden und Harmonie, aber es bot Schutz. Nun ist das Dach zerstört.

Die Alten und die Kinder sind die Opfer dieser sozialen Katastrophe. Der Bruch des Generationsbündnisses hatte sich schon vor langer Zeit angekündigt. Je weniger die Familie Interessengemeinschaft sein durfte, desto mehr wurde sie vom Zwang zur Liebe und zum gegenseitigen Verständnis zerfressen. Geblieben ist der Beziehungskrieg zwischen den Erwachsenen. Familientherapeuten ziehen aus dem Ruin der Familie ihre Vorteile. Die Alten und die Kinder sind der Fürsorge staatlicher Instanzen anheimgefallen. Versorgung durch Schule und Altenheim, durch Kindergarten und »Essen auf Rädern« ist an die Stelle familialer Gegenseitigkeit getreten.

Es gibt viele Alte und wenige Kinder. Wer will heute noch Kinder? Sie sind teuer, kosten Zeit, mindern die Lebensqualität.

Und die Alten, am Leben erhalten durch teure Präparate und Apparate, werden immer mehr.

Das muß Streit geben: zwischen den Opfern der sozialen Katastrophe um den Kuchen, von dem sie versorgt werden. Und später, wenn aus den Kindern Jugendliche geworden sind, sollen sie für die Alten aufkommen. Warum eigentlich?

Was wird geschehen? Ist das Ende der Familie der Anfang neuer Gesellungsformen der Menschen? Werden Individuen zeitlich begrenzte Beziehungen knüpfen, während sie von gesellschaftlichen Einrichtungen versorgt werden? Oder zeigt das Ende der Familie das Ende der modernen Kultur an? Krieg und ökologische Krise haben wir bislang als die Hauptgefahren für unsere Zivilisation betrachtet. Vielleicht wären diese Bedrohungen zu meistern, wenn uns das Band der Familie geblieben wäre. So aber sind Alte und Junge den selbstverursachten Unwettern ausgesetzt, schließen die Interessen des einen die Bedürfnisse des anderen aus, droht ein Verteilungskrieg in unserer Gesellschaft, die besser daran täte, sich gegen die Hochrüstung und die Vernichtung der natürlichen Lebensgrundlagen zur Wehr zu setzen.

Der Wandel des Lebens in der Zeit

Die Vergangenheit: Leben mit Bäumen

Die Aché sind ein kleines Volk, das in Paraguay lebt. Sie ernähren sich durch die Jagd und von wilden Früchten und Wurzeln. Inzwischen gibt es nur noch etwa tausend Aché; die industrielle Zivilisation hat begonnen, ihre steinzeitliche Lebensweise zu erschüttern. Vor allem die Abholzung der Wälder vernichtet ihre Kultur und ihr Leben. Mensch und Baum haben nach der Anschauung der Aché einen gemeinsamen Ursprung. Ein Mitarbeiter der Welternährungsorganisation FAO fragte einen Aché nach dem Namen eines Baumes. Der Aché ging zu einem Kopaivabaum, umarmte ihn, rieb mit der Hand über die rötliche Rinde und dann über den eigenen Körper. Diese Geste erinnert an den freundschaftlichen Gruß der Aché. Es könne sein, so ein Beobachter, daß der Aché sich auf die beschriebene Weise von dem Baum verabschiedet habe, weil er die Frage nach dessen Namen verstanden habe als Ankündigung der Weißen, den Baum zu fällen.
Die moderne Landwirtschaft hat den Wald gerodet, Nutzpflanzen gezüchtet und Wildtiere domestiziert; die Wildbeuter dagegen nutzen die Natur, ohne daß ihre Eingriffe bleibende Spuren hinterließen. Auch der Wildbeuter vernichtet Natur: Er tötet Tiere, er fällt Bäume. Doch gilt sein Eingriff nicht dem ganzen Wald oder einer Tierart. Wildbeuter sein – so beschreibt es der Ethnologe Mark Münzel – heißt, sich das Wilde, das Unveränderte anzueignen, ohne es vorher umzugestalten.

Wie sieht das Verhältnis zwischen Jungen und Alten aus bei den Aché? Ihre Gesellschaft gliedert sich nach Geschlecht und Alter. Die Geschlechts- und Altersgruppen haben eigene gesellschaftliche Aufgaben, und sie unterscheiden sich durch ihre Eßgewohnheiten voneinander. Damit ergibt sich eine unterschiedliche Beziehung zur Natur. Schon das Kind im Mutterleib ist ein wichtiges Mitglied der Gesellschaft. Es ist noch nicht ganz Mensch und verfügt über übermenschliche Fähigkeiten. Es kann weissagen, Unsichtbares und Vergessenes wahrnehmen. Es sagt der Mutter, wo Wild zu jagen ist, und früher warnte es, wenn Weiße sich anschlichen. Die Mutter kann die Bewegungen des Kindes in ihrem Leib deuten. Das Kind ist so klug, weil es seine Seele aus dem Wald bekommt. Dort hat die Seele des Kindes die Seelen der Vorfahren in sich aufgenommen.
Der Fötus im Mutterleib ist ein Jäger, der Tiere zu überlisten weiß. Und der Fötus baut eine Falle, die er zuschnappen lassen kann, wenn die Mutter etwas besonders Leckeres ißt. Er teilt der Mutter mit, welche der verzehrten Speisen es in seiner Falle gefangen hat, und daraus leitet sich der Name des Kindes ab. Wenn das Kind geboren ist, hat es die Fähigkeiten des Fötus verloren, es ist nicht mehr uralt und weise, sondern klein und töricht. Wenn allerdings der Fötus einen Waldgeist ißt, dann entwickelt sich eine Mißgeburt. Sie muß sofort verbrannt werden.
Vor der Pubertät, im Alter von neun bis elf Jahren, führt das Mädchen eine Art Voreheleben, es zieht mit einem meist älteren Mann zusammen. Wenn die Pubertät kommt, lebt es wieder allein. Es heißt jetzt »Puppe«: In der Vorstellung der Aché verpuppt sich das Mädchen wie ein Schmetterling. Der Wandel vom Mädchen zur Frau wird von Riten begleitet (Tätowierungen, bestimmte Frisuren, Eßverbote). Die Frau geht eine Ehe ein oder bekräftigt die bislang provisorische. Man erwartet, daß sie bald schwanger wird. Die erwachsene

Frau kann mehrere Ehemänner haben, wobei sie eine Rangordnung nach ihrem Belieben einrichtet. Die Frau kann sich von ihren Männern trennen, wenn sie will. Sie kann in der Rangordnung auf ihrer Schlafmatte Männer zurückstufen, er liegt dann zum Beispiel nicht mehr an ihrer Seite, sondern zu ihren Füßen. Mit Spottgesängen ermahnen gleichaltrige Frauen eine Geschlechtsgenossin, die zu oft ihre Ehemänner wechselt. Die Betroffene kann mit einem Spottlied antworten, in dem sie den Kritikern nachsagt, daß sie bloß neidisch seien. Ein Mann kann verspottet werden, weil er zuwenig Fleisch von der Jagd heimbringt. Mit dreißig Jahren verfügt die Achéfrau über viel Macht in der traditionellen Gesellschaft. Als ältere Frau wird sie geachtet, aber ihre Macht ist geschwunden.

Die Alten – Männer wie Frauen – genießen Privilegien beim Essen und in der Sexualität: Sie dürfen alles essen, nachdem sie vorher viele Essenstabus in den verschiedenen Lebensstadien zu beachten hatten. Sie haben Zugang zu den beliebtesten Sexualpartnern: Die älteren Männer gehen Verbindungen mit den jungen Mädchen und Frauen ein, die alten Frauen trösten die jungen Männer, die deshalb keine Mädchen finden.

Eines Tages aber werden die Alten zur Last. Die Männer bringen kein Fleisch mehr. Sie können den Bogen nicht mehr spannen, sie sind nicht mehr schnell genug für die Jagd, oder sie sehen nicht mehr gut. Die Frauen haben steife Hände, sie können nicht mehr flechten, und sie sind uninteressant geworden für die Männer. Die Alten dürfen zwar alles essen, aber manchmal bringt ihnen keiner Nahrung. Es ist oft der jüngere Mann in einer Dreierehe, der die Pflege der beiden Alten übernimmt. Irgendwann wird die Last zu schwer. Dann schleppt man den alten Menschen nicht mehr mit auf der Wanderung durch den Wald. Man baut ihm ein Dach aus Palmblättern, läßt ihm ein wärmendes Feuer und etwas

Gutes zu essen, zum Beispiel einen Topf Honig. Dann zieht die Gruppe ohne ihn weiter. Nach einer Weile kehrt sie zurück, um nach dem Alten zu sehen. Die Aché essen Menschenfleisch, und sie wollen verhindern, daß der Leichnam von Tieren gefressen wird oder verwest. Bisweilen wird der Alte mit einem Keulenschlag getötet. Dabei achten die Aché darauf, daß ihr Opfer keine lange Todesangst durchstehen muß. Sie betäuben das Opfer mit einem Lianensaft oder führen einen raschen Schlag von hinten.

Der Weg des Mannes von Altersgruppe zu Altersgruppe unterscheidet sich von dem der Frau. Vom siebten Lebensjahr an wird er zu Arbeiten herangezogen. Ein Pate, selten der Vater, erzieht das Kind, lehrt es, Pfeil und Bogen anzufertigen und zu jagen. Die gleichaltrigen Jungen schließen sich zusammen. Die Altersgruppe bindet die Jungen stärker als der Lagerplatz der Eltern. Die Eßverbote dienen der Erziehung: Die Jungen dürfen das Fleisch der Tiere, dic sie schon jagen können, nicht essen. Beim Fleischverteilen können sie sich daher nicht absondern und lernen, von ihrer Beute abzugeben. Damit aus dem Jungen ein Mann wird, sticht man ihm einen Pflock durch die Unterlippe, andere schmerzhafte Riten kommen dazu. Nach dem Verständnis der Aché formen sie das menschliche Wesen aus dem wilden Tier. Die vierzehn- bis zwanzigjährigen Männer, die gemeinsame Riten und Schmerzen durchgestanden haben, bilden Freundesgruppen und gehen gemeinsam auf die Jagd. Dann heiratet ein junger Mann eine ältere Frau, die schon einen älteren Mann hat. Die Bindungen an die Freunde bleiben bestehen, und sie sind oft stärker als die Ehe. Mit etwa fünfundzwanzig Jahren ist der Aché auf der Höhe seiner Macht und seines Ansehens als Jäger und als Mann.

Die Zukunft: am Ende der Sinnsuche

Wie werden die Menschen in einer fernen Zukunft denken über uns und unsere nächsten Nachfahren? Vielleicht so: Die Menschen in den Industriegesellschaften des ausgehenden zwanzigsten und des beginnenden einundzwanzigsten Jahrhunderts erreichten ein hohes Alter, ein Drittel bis die Hälfte war über sechzig Jahre. Kinder aufzuziehen war teuer, so daß die meisten Eltern nur ein Kind hatten. Kinder beanspruchten mehr Zeit und Aufmerksamkeit, als viele zu geben bereit waren. Wer Kinder versorgen mußte, konnte weniger für sich selbst kaufen. Kinder waren für die meisten eine Belastung, keine Bereicherung. Der Sinn des Lebens bestand darin: arbeiten, um sich viel leisten zu können. Waren zu kaufen und zu verbrauchen, in ferne Länder zu reisen, die Freizeit vergnüglich zu verbringen, darum drehte sich alles. Der entscheidende Grund dafür, Kinder zu bekommen, war schon lange entfallen. Staatliche und halbstaatliche Einrichtungen versorgten die Alten – zu was brauchte es da noch Kinder?

Soziale Sicherheit hing ab von der schnellen Weiterentwicklung der Produktion. Immer weniger Arbeitskräfte in Labors und Fabriken waren nötig, um immer kompliziertere Produkte herzustellen. Der Konsum wurde exzessiv. Um den Fortschritt zu sichern, trieben die Menschen die Entwicklung der Technik voran, ohne Rücksicht zu nehmen auf ihre Umwelt. Sie höhlten ihre Lebensgrundlagen aus, bis die Zivilisation zusammenbrach.

Die Gliederung in der Gesellschaft ergab sich aus der Beziehung, die der einzelne zur Produktion und zum Konsum hatte. Kinder und Alte standen außerhalb der Produktion, sie waren nur Konsumenten von Waren und vor allem von Dienstleistungen. Ein riesiger Apparat war aufgebaut worden, um die Alten und die Jungen zu versorgen: Kindergärten, Schulen, Hochschulen, Altersheime, Pflegeheime, Mensen, »Essen auf Rädern« usw. Mehr als zwei Drittel ihres Lebens wurden die Menschen von solchen Einrichtungen bedient. In den neunziger Jahren wurde die Schulpflicht für Alte (»Vorbereitung auf das Alter«) eingeführt. Die Familie, die eine tragende Säule der geltenden Religion war, überlebte das Ende des zwanzigsten Jahrhunderts nicht. Alle ihre Aufgaben waren von der Gesellschaft übernommen worden, daher starb sie. Die Zahl der Einzelhaushalte wuchs lawinenartig.

An die Stelle des Zusammenhalts der Generationen in der Familie traten »Beziehungen«. Sie konnten sich nicht auf Tradition und Religion stützen, sie wurden nicht gefertigt durch dauerhafte gemeinsame Interessen, wie sie in der Familie existiert hatten, und sie unterlagen daher einem schnellen Verschleiß. Meistens zerrieben Konflikte die Beziehungen: Dauerkrise statt Ruhe und Erholung. Die Menschen verbrachten den größten Teil ihres Lebens in einer beamteten Arbeitslosigkeit, und so hatten sie viel Zeit für den Versuch, Streitfragen mit dem Partner zu klären. Dazu wurden Experten benötigt, da die Menschen sich oft außerstande sahen, die Schwierigkeiten allein zu bewältigen. Zu den »Therapeuten« bauten viele ihre stabilste Lebensbeziehung auf: Sie waren bezahlte Gesprächspartner, bei denen man sich Zuwendung in geregelten Dosierungen holen konnte. Die Therapeutenzimmer wurden zum letzten Ort der emotionalen Sicherheit. Zuerst waren es vor allem die Erwachsenen, die zum Therapeuten eilten. Am Anfang nannten sich die Experten noch schamhaft »Familientherapeuten«. Aber allmählich differenzierte sich der Berufsstand, und es gab Spezialisten für alle Lebensabschnitte: Jugendtherapeuten, Altentherapeuten, Sterbetherapeuten usw. Immer mehr glich ihre Rolle der von Priestern oder Schamanen der Frühzeit. Zunehmend übernahmen sie es, Lebenskonzepte zu entwerfen.

Die Experten beseitigten die Reste der religiösen Kultur und leiteten dadurch einen entscheidenden, letzten Modernisierungsschub mit ein: Schuldgefühle, so sagten sie, seien ein Relikt des christlichen Aberglaubens, die Beziehungen zwischen den Menschen müßten davon gereinigt werden.

Der Weg war frei für eine rein zweckmäßige Verbindung zwischen Menschen. Als Sexualpartnerschaft oder als Versorgungspakt auf Zeit wurden die Beziehungen betrachtet. Durchschnittlich einmal im Jahr wurden sie auf therapeutischen Workshops repariert oder auf Trennungs-Workshops beendet.

Die Ursache für Krankheiten und andere Beschwerden wurde in den Beziehungen der Menschen gesucht. Krebs galt als Folge von »Beziehungsproblemen«. So galten die Individuen als verantwortlich für ihre Krankheiten, obwohl Nahrung und Natur längst vergiftet waren. Die Vergiftung der Erde war das wirkliche Problem der Menschen, aber die wenigsten waren bereit, diese Tatsache und die eigene Urheberschaft daran wahrzunehmen. Schon die Toten eines Atomkraftwerkunfalls in der damaligen Sowjetunion im Jahr 1986 hatten Schwierigkeiten hervorgerufen. Ihre verstrahlten Gebeine konnten nicht auf Friedhöfen bestattet werden, die Leichen wurden mit Beton versiegelt. Aber auch sonst wiesen die Überreste der Menschen allmählich so hohe Giftkonzentrationen auf, daß bald nicht mehr riskiert werden konnte, sie auf traditionelle Weise zu beerdigen. Die Toten mußten in Salzstöcken und in speziellen Gewölben und

Betonsilos endgelagert werden, damit nicht noch mehr Schadstoffe in die Nahrungskette gelangten.
Die Menschen lebten nach dem Konzept des »Chamäleongeistes«. Das hieß: Ablösung von der spätindustriellen »Sinnsuche«. Die Managementberater waren die Vordenker. Einer von ihnen, Gerd Gerken, sagte in einem »Stern«-Interview (Nr. 46/1988): »Für mich ist es sehr wichtig, die Topmanager dahin zu führen, daß sie sich von ihrem Glauben trennen können und den ›Glauben überm Glauben‹ erreichen: daß sie wissen, man muß immer an etwas glauben, aber es ist wurscht woran: daß sie eine Art Chamäleongeist bekommen. Das ist wichtig, damit sie sich von sich selbst verabschieden können. Das ist die schwierigste Aufgabe. (...) Mir hat neulich einer gesagt: ›Aber an irgendwas muß ich doch glauben!‹ Dem habe ich geantwortet: ›Genauso ist es. Sie müssen daran glauben, daß Sie an irgend etwas glauben müssen!‹ Jetzt kann sein Glaube nämlich instrumentell werden. Ich sage auch immer gleich am Anfang, Wahrheit definiere ich als Lüge. Dann gibt es keine Wahrheit mehr.«
Der Chamäleonmensch verabschiedete sich von traditionellen Familienbindungen und von der Suche nach »Lebenssinn«. Ja, das Individuum selbst löste sich auf, es wurde zu einem Instrument der Problemlösung, es orientierte sich nicht an Prinzipien oder Werten, sondern es suchte Lösungen für Probleme. Die Unterschiede zwischen Mann und Frau schwanden in Mode, Beruf und Kultur, und es entstand der androgyne Typ.
Ein Kennzeichen der damaligen Kultur war die Konstruktion einer zweiten Realität. Statt direkte gewannen die Menschen indirekte Erfahrungen: Die Menschen erlebten die Welt durch Auto und Fernsehapparat. Soweit sie nicht in Versorgungseinrichtungen untergebracht waren, lebten sie im Auto oder vor dem Bildschirm. Der Autoverkehr verursachte mehr Opfer als die Kriege des zwanzigsten Jahrhunderts,

das Leben kreiste um den Mythos der Beschleunigung. Ein Drittel der Fläche der damaligen Bundesrepublik Deutschland war zubetoniert oder diente dem Autoverkehr. Aber dies war zuwenig angesichts der stetig wachsenden Zahl von Autos. Als die Wälder gestorben waren, gab es mehr Platz für die Autos, und die Verkehrskrise konnte zeitweilig abgemildert werden. Besonders die Kinder und die Alten saßen mehrere Stunden am Tag vor dem Bildschirm. Ein fünfzehnjähriges Kind in der Bundesrepublik hatte in den achtziger Jahren des letzten Jahrhunderts durchschnittlich drei Jahre seines Lebens vor dem Fernsehapparat verbracht.

Die Zivilisation des zwanzigsten Jahrhunderts zerbrach: Die Alten und die Jungen bereiteten ihr das Ende – nicht, indem sie sich vom Versorgungsprinzip befreiten, sondern indem sie es bis zum Exzeß ausnutzten.

In den Schulen, deren Sinnlosigkeit und Lebensferne den Schülern nicht verborgen blieb, gewann eine explosive Mischung aus Aggressivität und Langeweile die Oberhand. Schon in den achtziger Jahren wurden an den Eingängen von New Yorker Schulen Metalldetektoren eingesetzt, um zu verhindern, daß Schüler Waffen mitbrachten in den Unterricht. Der Versuch, die Jugendlichen oft dreißig Jahre von der Wirklichkeit auszusperren, führte nicht zum Auszug der Kinder und Jugendlichen aus Schulen und Hochschulen, sondern dazu, daß diese Einrichtungen von innen her zerstört wurden. Schon in den achtziger Jahren verließen zwanzig Prozent der Schüler in den damaligen USA die Colleges als Analphabeten. In Hannover waren in den siebziger Jahren bereits viertausend Minderjährige alkoholabhängig.

Die Alten waren vorwiegend zu Abnehmern von Gesundheitsdienstleistungen geworden, vom fünfundfünfzigsten Lebensjahr (nach der Pensionierung) bis zum Ende ihres Lebens befaßten sie sich mit der Pflege und Erhaltung ihres Körpers. Die Gesellschaft hatte ihnen keinen anderen

Lebenssinn zu bieten als die Konzentration auf sich selbst. Mit der Familie waren die Gefühle der Jungen für die Alten abgestorben. Es blieb ein sozialtechnisches Problem: Die Verwaltung der Alten und ihrer Bedürfnisse war die Antwort der Jungen auf die Herausforderung durch die »Altenschwemme«. Schon in den siebziger Jahren des vergangenen Jahrhunderts hatte die sogenannte »generative Entmischung« begonnen: Die Alten bevölkerten die Erholungslandschaften (Küstengebiete, Voralpenland, Seenbereiche), während die Jüngeren die städtischen Ballungszentren zu ihrem Lebensmittelpunkt machten. 1975 hatte zum Beispiel Garmisch-Partenkirchen einen Altenanteil von fünfundzwanzig Prozent erreicht, in den neunziger Jahren verfügte die Stadt schließlich ein Seniorenzuzugsverbot.
Die letzte Lebensphase stellte höchste Ansprüche an die Versorgungsmaschine. Etwa zwei Millionen Pflegefälle gab es allein in der Bundesrepublik, zum Teil waren sie in Sterbekliniken untergebracht. In videoüberwachten Pflegezimmern wurde die Schlußphase des Lebens organisiert. Um den Personalaufwand zu senken, erhielt jeder Eingelieferte einen Dauerkatheter und eine Sonde für die künstliche Ernährung. Da ein Drittel der über Achtzigjähren geistig verwirrt war, wurden riesige gerontopsychiatrische Institutionen aufgebaut. Die Kosten für die Versorgung und Kontrolle der Alten stiegen rasch mit deren Zahl. Und immer weniger Junge hatten die erforderlichen Mittel aufzubringen. Die Größe des Kuchens, der zur Verteilung stand, war begrenzt. Es war nur eine Frage der Zeit, bis die Jungen begannen, den Sinn der Altenversorgung in Frage zu stellen. Die Folgen sind bekannt.

Die Gegenwart: an der Schwelle zum Generationskrieg

Die Industriegesellschaften begreifen sich gern als den Höhepunkt der zivilisatorischen Entwicklung. Verächtlich blicken die Menschen des Nordens herab auf die »Primitiven« der Gegenwart und der Vergangenheit. Diese Arroganz hat aber in Wirklichkeit keinerlei Berechtigung. Welchen Respekt schulden wir einer Wirtschaftsweise, die mit der Natur umgeht, als wäre sie ein Supermarkt? Welchen Respekt schulden wir uns, die Auschwitz hervorbrachten und Hiroshima, Bhopal, Seveso oder Tschernobyl? Welchen Respekt schulden wir einer Politik, die Betonburgen erstehen läßt wie die in Kalkar? Welchen Respekt schulden wir einer Denkweise, die alles Machbare zwanghaft in die Wirklichkeit umsetzt, ohne die Folgen zu beachten?

In der Tat, was als Gipfelpunkt der menschlichen Entwicklung erscheint, steht nur noch auf tönernen Füßen. Das Fundament, vor allem die Familie, ist brüchig geworden, und wahrscheinlich wird es zerbrechen. Das Ende des Generationsbündnisses bringt die Krise der Industriezivilisation auf den Siedepunkt. Und eine Lösung ist nicht zu erkennen. Auf der gegebenen Grundlage ist sie auch nicht denkbar. Aber vielleicht entwickeln sich aus dem Zerbrechen des alten Fundaments eine neue Zivilisation und die Mittel, mit denen die vielfältigen Bedrohungen für die Menschheit abgewehrt werden können?

Zunächst aber droht ein Bürgerkrieg zwischen Jungen und Alten. Sensible Jugendliche sagen: »Der Apokalypse ein

Stück näher, bleibt uns der Ansporn, die Zeit noch intensiver zu verplempern.« Während die Jugendlichen der Dritten Welt an Kalorienmangel sterben, leidet die Jugend der Industriezivilisation an einem Mangel an Sinn. Auf eine Betonwand ist der Satz gesprüht: »Rache für den Wiederaufbau.« Und: »Ihr habt eure Kinder in Beton geboren, wundert euch nicht, wenn sie Steine in den Händen halten.«
Die Frage steht: Kann nach dem Ende des Generationsbündnisses ein neues soziales Wesen entstehen, das die Krisen des einundzwanzigsten Jahrhunderts bewältigt? Der *homo familialis* ist den eigenen Errungenschaften nicht gewachsen.

Die Familie, Fundament der abendländischen Kultur, ist am Ende. In Deutschland beziehungsweise in der Bundesrepublik stieg die Zahl der Ehescheidungen von 1900 bis 1980 von 7928 auf 130 744 pro Jahr. Sie wird weiter steigen – und viele heiraten gar nicht erst, sondern leben auf Zeit beieinander. Das Dach, das Kinder und Alte schützte, ist nicht mehr da. Die Zahl der Einpersonenhaushalte in der Bundesrepublik stieg von 1957 bis 1980 um 174 Prozent auf 7,4 Millionen. Die Ehe auf Lebenszeit ist nicht mehr selbstverständlich. Ein zweiter oder dritter Partner, eine zweite oder dritte Ehe, wenn die Kinder aus dem Gröbsten heraus sind. Ein neuer Lebensabschnitt bedeutet oft auch die Verbindung mit einem neuen Partner. So werden die Kinder früh entpflichtet, sie werden schnell zu einem Störfaktor für die neue Beziehung. Vor tausend Jahren wurden die Kinder von den Eltern verheiratet, nach den Wünschen der Kinder wurde nicht gefragt. Später erhielten die Kinder ein Vetorecht. Dann trafen die Kinder die Wahl, und die Eltern behielten lediglich ein Vetorecht. Heute entscheiden die Kinder, ohne sich um die Meinung der Eltern zu kümmern: Der Aufbruch in die moderne Zeit ist der Weg von der Fremdbestimmung zur Selbstbestimmung. Aus der ursprünglich von den Eltern arrangierten

Verbindung ist die moderne Ehe geworden. Sie beruht auf Gefühlen statt auf wirtschaftlichen Interessen: Emotion an Stelle der Ökonomie.

Das Modell kann nicht stabil sein. Auf der Stichflamme der Emotion kann niemand dauerhaft kochen. Wenn die Leidenschaft der rosaroten Anfangszeit erloschen ist, bleibt nicht viel. Die traditionellen Aufgaben der Familie und die gemeinsamen Interessen der Partner sind weitgehend entfallen. Die Erziehung und Versorgung der ohnehin wenigen Kinder, die Pflege der Kranken und Alten, die Vorsorge für die Nachkommen – diese und andere Pflichten der Familie hat die Gesellschaft übernommen. Im günstigsten Fall wird aus der Ehe Freundschaft. Das Vakuum, das durch den Wegfall der traditionellen Aufgaben der Familie entsteht, wird gefüllt durch »Beziehungskrisen«. Streit ist der Alltag in der Familie. Dichter des neunzehnten Jahrhunderts haben beschrieben, daß sich bürgerliche Ehe und leidenschaftliche Liebe nicht vereinen lassen. Die frühe Erkenntnis hat den heutigen Menschen nicht daran gehindert, die Vereinigung des Unmöglichen zu versuchen. Orgasmusjagd und Familientreue passen nicht zusammen.

Der Anspruch auf das private Glück ist heute so unabweisbar wie die moderne Lebensweise. Ohne Zweifel hat die Vorkriegsgeneration ihre Kinder unter persönlichen Opfern aufgezogen. Aber sie hat nicht gewußt, daß sie etwas opfert. Sie folgte dem vorgegebenen Lebensmodell. Das ist vorbei, unwiderruflich. Im Familienleben gibt es fast nichts Vorgegebenes, Unbezweifeltes mehr. Weil die Klammer, die die Generationen zusammenhielt, gebrochen ist, finden sich nicht nur die Ehepartner in einer schwierigen Lage, sondern auch Kinder und Alte. Das Generationsbündnis ist zu Ende. Das heißt für die Kinder: Sie werden eine Last, die sich nur wenige zumuten. Das heißt für die Alten: Sie werden eine Last, die sich immer weniger zumuten wollen.

Alte und Junge

Kinder: Objekte der Gefühle

So, wie viele Aufgaben der Familie an die Gesellschaft abgegeben worden sind, haben auch die Kinder ihre Funktion verloren. Der Staat versorgt die Alten. Noch nie sind bei uns so wenige Kinder geboren worden wie heute – und noch nie haben sich Eltern so verzückt über den Kinderwagen gebeugt. Zwischen Kindern und Eltern ist eine Teddybäridylle aufgekommen, wie sie in früherer Zeit unbekannt war. Noch nie haben Eltern so viel Zeit und Geld für Kinder ausgegeben wie heute – Zuwendungsterror. Eltern, ausgerüstet mit einschlägigen Zeitschriften und Büchern, drangsalieren ihre Kinder mit einem Gefühlsschwall, der aus der Kinderstube ein Sozialisationszentrum macht. Der Therapeut Wilfried Wieck hat vorgeschlagen, daß jedes Paar, das ein Kind haben möchte, zuerst eine dreijährige Gesprächstherapie absolvieren solle: moderne Zeiten.

Wo man hinhört, der Jargon der Pädagogen und Psychologen. Er zerstört jede direkte Lebenserfahrung, da gibt es keinen Raum mehr für Geheimnisvolles, Rätselhaftes, Unverständliches. Alles ist ein »Problem«: Ernährung, Windeln, Erziehung. Sogar kindliche Wut gerät ins Fangnetz der Experten. Kinder sollen lernen, mit ihren Aggressionen umzugehen. So verlangen es aufgeklärte Eltern und Kindergärtnerinnen. Kinder im Watteknast. Keine dunklen Höhlen, keine Matschorgien, die nicht schon von den Erziehern eingeplant sind. Nichts kann geschehen, was die Älteren nicht liebevoll bereits pädagogisch vorgesehen haben. Der

Anspruch der Pädagogik ist total. Sie unterwirft Eltern und Kinder einem Modell, das Ausnahmen nicht duldet. Sie meint, all das ersetzen zu können, was früher die Familie zusammenhielt.

Das ist so selbstverständlich geworden, daß es nicht mehr auffällt. Es ist aber ein neues Phänomen. Noch im vorigen Jahrhundert wurden in Londoner Armenvierteln Kinder ersäuft. Von den Kindern, die geboren wurden, überlebten viele nicht. Oft waren Kinder eher eine Last als eine Lust, soweit sie nicht halfen bei der Sicherung des Lebensunterhalts. Thronerben wurden mit Kanonensalven begrüßt, aber auch da standen die Gefühle im Hintergrund. Wichtig war, daß die eigene Dynastie weiter herrschte. Nach der Geburt bekamen die Adligen ihre Kinder kaum noch zu Gesicht: Ammen und Hauslehrer nahmen sich ihrer an. Weder die Arbeiterfrau noch die Gräfin, weder die Bäuerin noch die Städterin hat viel Zeit und Gefühle in Kinder investiert.

Im Paris des Sonnenkönigs gab es eine Schale in der Tür des Waisenhauses. Wenn man ein Kind loswerden wollte oder mußte, konnte man es in die Schale legen und diese dann in das Innere des Hauses drehen. Man gab das Kind weg, ohne daß man gesehen wurde. Die Einrichtung mußte bald wieder entfernt werden, weil mehr Kinder in die Schale gelegt wurden, als das Waisenhaus aufnehmen konnte. Von der Sammelstelle für Findlinge in Paris gingen zeitweise täglich Kindertransporte ab nach Rouen ins staatliche Großfindelheim. Not und Elend haben hier eine wichtige Rolle gespielt – aber man hing auch noch nicht so an den Kindern wie wir heute.

In der Geschichte der Menschheit war das Kind zunächst die wichtigste Altersversicherung, und als die Industrie begann, das Leben zu beherrschen, mußten Kinder arbeiten, damit ihre Familien nicht verhungerten. Das ist vorbei. Welcher Vater oder welche Mutter gibt sich heute der Illusion hin, ihre Kinder würden sie im Alter versorgen? Und zum Einkommen tragen die Kinder nichts mehr bei, sie sind vielmehr das teuerste Konsumgut geworden. Was dessen Gebrauchswert ausmacht, ist allerdings unklar.

Manche Soziologen behaupten, daß Kriminalität, Gewalttätigkeit und psychische Störungen in der modernen Familie entstehen. Die Familie ist heute in der Tat kein Schutzbündnis der Generationen mehr, sondern eine Brutstätte von Gewalt und Krankheiten. Die meisten jugendlichen Strafgefangenen stammen aus sogenannten intakten Familien. Die nichtautoritäre Erziehung, die modernen pädagogischen Leitbildern folgt, ist oft nur ein anderer Name für eine massive Vernachlässigung der Kinder in der Familie. Oft hassen Eltern ihre Kinder, die so viel Zeit und Geld kosten, ohne daß die Aussicht bestünde, dafür jemals etwas zurückzubekommen. Sosehr die Babys verhätschelt werden – wenn das Kleinkindalter vorbei ist, kommen Kindergarten und Fast Food zum Zuge. Statt das Frühstücksbrot zu schmieren, quetscht die Mutter einen Negerkuß ins Brötchen. Die moderne Mutter hat einen engen Terminplan – schließlich soll sie arbeiten und sich emanzipieren. Schon 1972 glaubten die meisten Frauen in den USA, daß Kinder, besonders im Schulalter, das Familienglück eher verringern.

Es ist kein Zufall, daß in der Bundesrepublik jedes Jahr ein paar hundert Kinder erschlagen oder zu Tode gequält werden. Bei uns bringen in einem Jahr mehr Eltern ihre Kinder um als Triebtäter in fünf Jahren fremde Kinder. Früher wurden Kinder getötet, weil es nicht genug zu essen gab. Heute werden sie mißhandelt und getötet, weil sie ihren Eltern auf die Nerven gehen. Es gibt keine klare Arbeitsteilung mehr unter den Partnern, deswegen ist die Erziehung und Versorgung der Kinder zum Streitpunkt geworden. So erwächst ein Berg von Schuldgefühlen. Er wird zum Therapeuten geschleppt, oder er macht die Betroffenen krank.

War für die Kinder die Zeit nicht besser, als sie gebraucht

wurden, als sie unverzichtbare Aufgaben hatten? Jetzt veröden sie in dem Familie genannten Dauerkrisenzustand, werden ihre Köpfe und Gefühle überfrachtet mit einer Ausbildung, deren Sinn bestenfalls mit der Lupe zu finden ist. Nie zuvor hat eine Gesellschaft Menschen im ersten Drittel ihres Lebens von jeder Konfrontation mit der Wirklichkeit ferngehalten. Das Ergebnis wird jetzt sichtbar: Nach der Verödung in der sich auflösenden Familie, nach der Betäubung durch Kindergärten, Schulen und Hochschulen, nach dem Zerfall christlicher Werte tritt ein Hedonismus zutage, in dem der Konsum von Waren und Menschen zum Lebensziel wird.
1985 gab es in der Bundesrepublik zehn Millionen Jugendliche zwischen achtzehn und fünfundzwanzig Jahren, im Jahr 2000 werden es sechs Millionen sein. Diese Jugendlichen werden immer länger ausgebildet und wissen immer weniger wofür. Der Einfluß des klassischen Erziehungskartells – Kirche, Familie, Schule – schwindet. Die Einrichtungen der Massenkultur liefern die Wertmaßstäbe. Es existiert ein riesiger Sozialisationsapparat, und er wächst weiter, aber er ähnelt einer gigantischen Wartehalle, in der die Jugendlichen machen, was sie wollen, weil sich anderes nicht bietet.
Die Normalbiographie, die noch für die jetzt Fünfzigjährigen gilt, gibt es nicht mehr. Das hieß: Ausbildung für einen Beruf, Arbeit in diesem Beruf, Rente. Viele Ausbildungsgänge führen heute zu keinem eindeutigen Berufsbild, und eine Anstellung mit guten Aussichten für die Zukunft besitzt fast schon Seltenheitswert. Nur eine kleine Elite schafft den Anschluß an die technologische Revolution. Sie wird künftig einer wachsenden Zahl von Menschen gegenüberstehen, die trotz einer langen Ausbildung keine Berufsaussichten haben, die allenfalls Handlangerdienste versehen dürfen. In dieser verzweifelten Lage entstehen schon jetzt neue Jugendkulturen. Mitglieder einer Enquetekommission »Jugend« des Westberliner Senats stellten nach einem Besuch in Kreuzberg

fest: Diese Jugendlichen sind uns so fremd wie Eingeborene auf Neuguinea. Sie fragten: »Wachsen fremde Stämme auf im Dschungel unserer großen Städte?«

Da, wo sich Arbeit bietet, zeigt sich ein Einstellungswandel, der verschwistert ist mit der Auflösung der Normalbiographie: Diese Jugendlichen leben nicht, um zu arbeiten, sondern sie jobben, um zu leben. Der Job bringt Geld, und damit kann man sich etwas kaufen. Dieser privatistischen Orientierung entspricht ein politisches Desinteresse: Neunzig Prozent der Vierzehn- bis Siebzehnjährigen behaupteten in einer Emnid-Umfrage 1980, kaum an Politik interessiert zu sein.

Die Schulen produzieren zunehmend Illiteraten. Deren Ziel ist es, sich rasch die Mittel zu besorgen für den als notwendig erachteten Konsum. Freiheit heißt, sich Wünsche sofort erfüllen zu können. Darauf hat man einen Anspruch, weil man jung ist. Die Erwachsenen erhalten damit die Quittung für das, was sie den Kindern angetan haben, als sie diese systematisch vom Leben fernhielten. Aber inzwischen wissen sie selbst nicht mehr, was das Leben anderes sein soll, als zu kriegen, was zu kriegen ist: eine nie enden wollende Jagd nach Besitz und Sicherheit. Das Prinzip des größtmöglichen Konsums ist das letzte Bindeglied zwischen den Generationen.

Noch brauchen wir in der Bundesrepublik keine Metalldetektoren an Schuleingängen oder Alarmknöpfe in Lehrerpulten. Aber sie werden in der Zukunft zum Alltag gehören. Unterrichtsstörungen, wie es verharmlosend heißt, legen schon heute oft die Schule lahm. Mangelnde Konzentration, Verweigerung und Aggression gelten als normal. »Ich habe nie geahnt, daß Kinder schon so kaputt sein können«, sagt ein Lehrer. Es geht nicht um Feuerzangenbowlenstreiche, sondern um psychisch gestörte Kinder, die »kein Urteil mehr haben über ihre Handlungen«. Etwa ein Viertel aller

Schüler verhält sich im Unterricht störend-aggressiv, so eine Untersuchung über die Schulen in Rheinland-Pfalz. Weitere zweiundzwanzig Prozent lähmen den Unterricht durch Unkonzentriertheit, sechzehn Prozent durch Faulheit, fünfzehn Prozent sind ständig unruhig, und vierzehn Prozent zeigen mangelndes Interesse. Die Ursachen sind bekannt: Der Respekt vor den Älteren ist abhanden gekommen. Die Erwachsenen, die sich allabendlich vor dem Fernsehapparat betrinken, sind keine Vorbilder, denen Achtung entgegenzubringen wäre. Der Aufstand in der Schule ist hilflos, er ist eine Rebellion von Kindern gegen eine Erwachsenenwelt, die die Zukunft verbaut hat. Das Beunruhigende daran ist die Tatsache, daß die Rebellen in den Schulen der alten Welt keine Alternative gegenüberzustellen haben. Sie sind infiziert von der privatistischen Orientierung, der die Erwachsenen folgen, deshalb lassen sie sich von denen nichts mehr sagen. Die Kinder sind auf die Welt gekommen, sie wurden zunächst verhätschelt, und dann mußten sie spüren, daß sie eine Last sind für die Eltern. Sobald sie auf das Abstellgleis Schule geschoben werden, fangen sie an zu randalieren.

Wie sollten sie auch anders reagieren? Bis zum fünfzehnten Lebensjahr haben junge Bundesbürger rund sechzehntausend Stunden ferngesehen. Der Videoboom läßt eine Steigerung erwarten. Von 450 Schülern einer Neusser Hauptschule sehen vierzig Prozent der elfjährigen und siebzig Prozent der vierzehnjährigen regelmäßig Videofilme, vorwiegend Krimis, Horrorstreifen und Sexfilme. Die Kinder verwahrlosen, weil in ihren Familien Not herrscht, und sie verwahrlosen, weil ihre Eltern viel arbeiten und viel verdienen. Kinder von Arbeitslosen und Kinder von Reichen konsumieren den gleichen Schrott. In dieser Hinsicht herrscht Gleichheit in den bundesdeutschen Wohnstuben.

Die Auflösung der Familie und die Erosion der Normalbiographie produzieren heranwachsende Menschen, denen nichts bleibt als der Individualismus der Apparate. Sie schotten sich ab im Auto, verschließen die Ohren mit dem Kopfhörer des Walkmans, lassen Augen und Gehirn gefangennehmen von Video und Fernsehen oder vom Bildschirm der Rechner. Ein Hamsterkäfig mit Laufrad. Es ist eine neue Familie entstanden, eine Familie der Geräte, die Kinder und Jugendliche umgeben. Es ist nicht gesagt, daß sich die Kinder in dieser Familie unglücklich fühlen, Papa Computer und Mama Walkman befreien sie schließlich von manchem autoritären Unfug. Der Preis dafür ist der Schwund sozialer Bindungen. Es ist zu befürchten, daß die Rechnung, die die Jungen den Alten in nicht allzu ferner Zukunft präsentieren werden, unbezahlbar hoch sein wird.

In den USA finden Videofilme reißenden Absatz, in denen man sich Kleinkinder anschauen kann. Man sieht alles, was ein Kind den Tag über macht. Die Babys spielen, essen Breichen, plantschen in der Badewanne. Die Kinder werden auch gewaschen und gewindelt, aber die, die sie waschen und windeln, sieht man nicht. Und immer schaut das Baby den Betrachter an. In der Bundesrepublik hat der Verkauf erfolgreich begonnen. Die Großmutter, die Kindern auf Kassette Märchen vorliest, gibt es schon lange. Jetzt wird das Entzükken am Kleinkind geboten ohne die lästigen Begleiterscheinungen. So sieht er aus, der Abgesang auf die altehrwürdige Institution der Familie.

Alte: unersättliche Esser

Auf Elend stoßen wir aber nicht nur am Fuß der Alterspyramide, sondern auch an deren Spitze. Wer die Vertreter von Altenorganisationen, die Grauen Panther etwa, hört und die Anwälte der Alten in Wissenschaft und Sozialpolitik, der hat den Eindruck, hier habe man es zu tun mit Millionen an den Rand gedrängter, armer und unterversorgter Menschen, die vereinsamt dahinvegetierten. Eines ist fraglos richtig: Es gibt eine beträchtliche Zahl von alten Menschen, denen es schlechtgeht. In Köln – so berichten Zeitungen – kaufen alte Menschen Tierfutter in Dosen und essen es. Es ist billig und unauffällig zu erwerben. Übertreibung von Einzelfällen? In den USA, die uns stets ein Jahrzehnt voraus sind, ist die Armut weit verbreitet unter den Alten. Viele ernähren sich aus Müllcontainern. Ein Gesetz, das vorschrieb, Müllcontainer bei Supermärkten abzuschließen, mußte zurückgenommen werden: Zu viele Menschen sind auf diese Nahrungsquelle angewiesen. Viele Alte in den USA wohnen in Caravan-Camps, weil sie eine Wohnung nicht bezahlen können.

In der Bundesrepublik werden im Gegensatz zu den USA keine Armutsstatistiken geführt. Daher ist die Zahl der in Not lebenden Alten nur zu schätzen. 1980 erhielten 6,3 Prozent der über Fünfundsechzigjährigen, die außerhalb von Anstalten lebten, Sozialhilfeleistungen. Mehr als die Hälfte der Anspruchsberechtigten beantragt keine Hilfe, oft weil die Alten sich schämen oder die Sozialämter den Zugang erschweren. Aus den vorliegenden Angaben kann man schließen,

daß sich jeder zehnte alte Mensch 1980 in einer Lage befand, die offiziell als Armut definiert wird.
Die Not der alten Sozialhilfeempfänger ist in den letzten Jahren noch größer geworden. Die Sozialhilferegelsätze wurden schon lange nicht mehr erhöht und dem Kaufkraftschwund angepaßt. Das Wohngeld wurde festgeschrieben – real also gekürzt. In den Jahren von 1978 bis 1984 zum Beispiel hatten ältere Sozialhilfeempfänger Einkommensverluste von mehr als fünfzehn Prozent zu verkraften. Die Situation der Witwen ist dramatisch. Die Einkünfte der Arbeiterwitwen betrugen im Jahr 1980 573 Mark, die der Angestelltenwitwen 878 Mark – im Durchschnitt, und das heißt, daß es vielen viel schlechter geht. Um diese ärmlichen Tatsachen zu verbergen, haben die Politiker ein Schlagwort erfunden: »Rentenkumulation«. Sie behaupten, daß in den meisten Altenhaushalten monatlich mehrere Renten einträfen. Aber das ist falsch. Rund siebzig Prozent aller Rentner beziehen nur eine Rente. Und Infratest hat 1980 herausgefunden, daß rund einem Viertel der Rentnerhaushalte weniger als 1000 Mark monatlich zur Verfügung stehen. Zweiundvierzig Prozent aller Rentnerwitwen erhalten weniger als 1000 Mark monatlich. Ein Drittel der Rentner muß mit weniger als 800 Mark im Monat auskommen. Fast jeder zehnte Rentner sagt, es fehle oft am Nötigsten, und bezeichnet sich selbst als arm.
Vier Jahre später, im Jahr 1984, ging es vielen Rentnern noch schlechter. Mehr als drei Millionen Altenhaushalte mußten von weniger als 1200 Mark leben. In vielen dieser Haushalte leben zwei oder mehr Personen. 1 330 000 Frauen lebten von einer Rente, die durchschnittlich 785 Mark betrug.

Das verleugnete Alter

Also stimmt es, was über die Alten gesagt wird: arm und einsam? Es gibt auch die andere Seite: Senioren bevölkern die Fitneßstudios, sie besuchen Universitäten des dritten Lebensalters, sie machen Abenteuerreisen am Amazonas. Es sind vor allem die sogenannten jungen Alten – zu denen mindestens sechs Millionen gehören –, die den Konsum als Lebensaufgabe begriffen haben. Die Nestorin der amerikanischen Alternsforschung Bernice Neugarten sagt: Diese jungen Alten befördern uns auf den Weg in eine Gesellschaft, »in der das Alter nicht mehr relevant ist«. Weiß sie, was sie sagt? Der deutsche Freizeitforscher Horst Opaschowski fügt hinzu: Möglicherweise wird es den alten Menschen »bald gar nicht mehr geben«. Alternsforscher berichten begeistert, daß viele Alte sexuell aktiv sind: Fünfundachtzig Prozent der Männer über sechzig seien sexuell interessiert, und mit fünfundsiebzig sei jeder zweite noch imstande, dieses Interesse auch umzusetzen. Alte Frauen scheinen Studien zufolge nicht weniger an Sex interessiert zu sein. In den Ferienorten, so der Alternsforscher Wolfgang Klehm, kommen sie direkt zur Sache. »In den Hotels wird ungeniert angemacht, mit offenen Angeboten.« Diese Zitate und Zahlen hat der »Spiegel« (Nr. 40/1987) zusammengetragen.

Selbstverständlich geht es nicht darum, die Senioren pfäffisch zurechtzuweisen. Aber die Vehemenz, mit der die potentielle Potenz der Alten beredet wird, erweckt den Verdacht, daß sich das Diktat der Jugendlichkeit auch hier durchgesetzt hat: Jetzt werden die Alten auf den Trimmpfad geschickt, um die Muskeln zu stählen für die Orgasmusjagd. Es geht um »erfolgreiches Altern«, und dazu gehört, daß das Sexualleben funktioniert. Die Alten sitzen nicht am Ofen, sondern sie schwingen Hanteln und jetten nach Mallorca. Ein mäßig trainierter Mann von fünfundsechzig besitzt achtzig Prozent der Muskelkraft, die er als Fünfundzwanzigjähriger hatte. So verkündet die medizinische Forschung, und nun gilt es, diesen Anspruch sichtbar einzulösen. Das Alter muß versteckt werden, es ist kein fester Abschnitt im Lebenszyklus mehr, sondern der Versuch, so lange wie möglich dem Vergleich mit der Jugend standzuhalten.

Die Enteignung des Alters, der letztlich nicht zu gewinnende Kampf um Fitneß und Mobilität, zeigt sich besonders in der Reiselust der Senioren. Die Reise ist »zum Symbolträger geworden für alles, was das Leben lebenswert macht«, schreibt Opaschowski. Fast dreißig Prozent der westdeutschen Urlauber sind Rentner. Und jedes Jahr woandershin, immer weiter weg.

Krampfhaft wird behauptet, daß mit dem Altwerden keine Verluste verbunden sein müßten. Aber das ist eine Lüge. Irgendwann sind alle Anstrengungen umsonst, und der Körper, unzählige Male trainiert und repariert, gibt auf.

Moderne Totenberge

Gibt es zuviel Altenhilfe oder zuwenig? Werden die Alten überversorgt, oder sind sie unterversorgt? Es versteht sich von selbst, daß die Empfänger der Altenhilfe selten die frisch Pensionierten sind. Diese gehören meist zu den reiselustigen, konsumfreudigen »Jungsenioren«. Aber spätestens vom fünfundsiebzigsten Lebensjahr an wird es heikel. Die Zahl der Menschen, die dieses Alter erreichen oder überschreiten, ist stark gewachsen, die Lebenserwartung hat sich beträchtlich erhöht. Von 1950 bis 1985 wuchsen die Gruppen

der 75- bis 80jährigen um 154 Prozent,
der 80- bis 85jährigen um 250 Prozent,
der 85- bis 90jährigen um 405 Prozent,
der 90- bis 95jährigen um 720 Prozent.

Selbst die Zahl der über Hundertjährigen wächst rasch. 1960 gab es 224, 1985 schon 1822 Menschen, die diese Altersgrenze überschritten hatten. Von den Fünfundsechzig- bis Fünfundsiebzigjährigen sind weniger als vier Prozent in Heimen untergebracht. Die Unterbringungsrate steigt mit dem Alter. Von denen, die über fünfundachtzig Jahre alt sind, befindet sich jeder Dritte im Altenheim oder im Pflegeheim. Es gibt in der Bundesrepublik 400 000 Altenheim- und Pflegeplätze mit 132 000 Mitarbeitern. Das ist wenig im Vergleich mit anderen hochindustrialisierten Ländern Europas. Würde bei uns so viel geboten wie in den Niederlanden, müßten nicht 400 000 Plätze, sondern 900 000 vorhanden sein mit 400 000

Mitarbeitern. Aber angesichts solcher Zahlen stellt sich die Frage, wohin eine solche Entwicklung führen wird.
Mit dem Angebot wächst die Nachfrage. Heute werden noch rund achtzig Prozent aller Pflegebedürftigen in ihren Familien versorgt. Das ist billiger für die Betroffenen, es ist aber nicht in jedem Fall angenehm. Die Pflegenden setzen sich einer manchmal die Grenze des Zumutbaren überschreitenden Dauerbelastung aus, oft können sie nicht in Urlaub fahren. Die Alten werden häufig nicht sachgemäß gepflegt. Und: Was spielt sich ab, wenn etwa eine Mutter in die Hände ihrer Tochter gerät, die nun bewußt oder unbewußt heimzahlen kann, was sie erlitten hat?
Die Familienpflege, die heute der Normalfall ist, wird es in der Zukunft kaum noch geben. Wer aus der jungen Generation wird sich künftig bereit finden, Familienmitglieder im Alter zu pflegen? Es würde ein Zusammengehörigkeitsgefühl voraussetzen, das es nicht mehr gibt. Nun kann man mit Recht sagen, in einem reichen Industriestaat sollte es machbar sein, die zwei Millionen Pflegefälle zu versorgen, die in der nächsten absehbaren Zukunft jährlich zu betreuen sind. In der Tat: Wenn das Parlament in einer Nachtsitzung Milliarden bewilligt, um Agrarprodukte zu erzeugen, die später als Überschüsse vernichtet werden, dann sollte es möglich sein, die kranken Alten zu betreuen.
Aber werden die Jüngeren gewillt sein, unter hohem Aufwand zu sorgen für Menschen, die nur noch Kosten verursachen? Ist die Unterbringung von Alten in gettoähnlichen Einrichtungen überhaupt ein humaner Ausweg? Faktisch sind Pflegeheime schon heute in vielen Fällen Sterbekliniken. Die moderne Gesellschaft hat bereits Sterbeplätze geschaffen, wie es die Totenberge im alten Japan waren, auf die die Alten zum Sterben gebracht wurden. Es gibt sie, aber niemand spricht es aus. Die psychische und physische Belastung der Mitarbeiter in den getarnten Sterbekliniken ist

ungeheuer. Weil Personalmangel herrscht, sind Pflegeschäden in diesen Kliniken fast unvermeidlich. Dauerkatheter und Ernährungsschlauch werden oft gelegt, weil niemand da ist, um die Pflegebedürftigen zu versorgen.

Die Rückverlagerung der Pflege in die Familie, wie es neuerdings propagiert wird, wird das Problem nicht lösen. In manchen Fällen werden Vater oder Mutter im Haus behalten, weil ein Pflegeplatz nicht bezahlt werden kann. Er kostet zur Zeit rund 3500 Mark im Monat, und er wird noch teurer werden. Aber wie ergeht es einem Alten, der in der Familie behalten wird, weil ein Pflegeheim zuviel kostet? Hier ist auf einen gewichtigen Unterschied hinzuweisen: Wer ins Pflegeheim gebracht wird, ist im Regelfall bald Sozialhilfeempfänger, da kaum eine Rente reicht, um die Kosten zu decken. Kommt ein alter Mensch aber ins Krankenhaus, dann zahlt die Krankenkasse. Reicht die Rente eines Alten im Pflegeheim nicht, muß sein Vermögen herhalten, soweit vorhanden, und die Angehörigen werden zur Kasse gebeten. Es empfiehlt sich also, so lange wie möglich um einen Platz im Krankenhaus zu kämpfen. Dort haben die alten Menschen die Mehrheit. 1976 waren rund vierzig Prozent aller verfügbaren Krankenhausbetten von über Fünfundsechzigjährigen belegt. Fünfzig Prozent aller Betten in psychiatrischen Kliniken wurden von älteren Patienten beansprucht, und siebzig Prozent aller Betten in Krankenhäusern für chronisch Kranke werden von Alten besetzt.

Es ist eine furchtbare Fehlentwicklung, daß viele sterbende Menschen in unserer Gesellschaft ihre letzten Stunden auf der Intensivstation verbringen. Dort kostet die Pflege zwischen 600 und 1000 Mark am Tag. Das sollte nicht zuviel sein, wenn damit die letzten Tage und Stunden eines Menschenlebens würdig verbracht würden. Aber wer je eine Intensivstation betreten hat, weiß, daß es ein Horrorgedanke ist, dort sterben zu müssen.

Jung und alt unter dem Versorgungsdiktat

Man muß seine Mutter prügeln, solange sie jung ist« – schreibt der französische Surrealist Paul Eluard. Kinder und Alte saugen heute an den Ammenbrüsten der Versorgungseinrichtungen. Wenn sie den Mund zum Protestschrei öffnen wollen, wird er ihnen mit der süßen Milch der Fürsorge verstopft. Hans Magnus Enzensberger berichtet über ein Musterbeispiel solcher Ammenbrustpolitik: 1982 treiben Polizeistaffeln in Stockholm eine Versammlung von tausend Jugendlichen auseinander. Es kommt zur Straßenschlacht. Am anderen Morgen erfährt die Öffentlichkeit, was der Anlaß für die Polizeiaktion gegen die Jugendlichen gewesen ist: Das öffentliche Telefonnetz wies eine interessante technische Lücke auf – das hatten die Jugendlichen entdeckt und genutzt. Wer die Nummern einer gewissen Zahl von gesperrten Anschlüssen wählte, konnte mit jedem anderen Teilnehmer sprechen, der das gleiche tat. Die betreffenden Telefonnummern gingen an den Stockholmer Schulen um wie ein Lauffeuer, es entstand eine spontane Konferenzschaltung. Ein neues Massenmedium war geboren: der »heiße Draht«. Warum dieser Angriff auf einige hundert Jugendliche, die sich unterhalten wollten? Das Verbrechen der Jugendlichen bestand darin, daß sie keine der für sie zuständigen Institutionen in Anspruch nahmen. Hätten sie sich an die richtige Stelle gewandt mit der Bitte um einen Treffpunkt für ziellose, motivationsschwache, straffällig gewordene Jugendliche, so wäre man ihnen nicht mit Polizeiknüppeln begegnet, sondern mit großmütigem Verständnis. Sozialarbeiter und Psychologen wären in Marsch gesetzt worden, um den Jugendlichen zu einer sozial erwünschten Form der Kommunikation zu verhelfen. Die Ammenbrust staatlicher Daseinsfürsorge ist ein Angebot, das nicht ausgeschlagen werden darf. Die Behörden erklärten: »Wir haben verstanden, daß bei vielen Jugendlichen wirklich ein Bedürfnis nach dem heißen Draht besteht. Wir werden daher eine eigene Telefonnummer für Gruppengespräche einrichten, und wir schlagen vor, daß jeweils fünf Personen von ihr für eine Dauer von je fünf Minuten Gebrauch machen können.« Die Jugendlichen bildeten daraufhin ein Komitee, das mit den zuständigen Stellen verhandelte. Hilfsbereitschaft und Verständnis für die Schafe, die in den Pferch zurückgefunden haben. Das Wohlwollen macht die nachfamilialen Einrichtungen unanfechtbar. Jeder Aufbruch in die Mündigkeit wird im sanften Zugriff des Staats erstickt.

»Man muß seine Mutter prügeln, solange sie jung ist.« Die Versorgungsinstitutionen sind schon zu alt, als daß ein erfolgreicher Aufstand gegen den nachfamilialen Muttersatz möglich wäre. Die Sozialfürsorge hat uns mit ihren Wohltaten verschnürt wie ägyptische Mumien, und wir können uns nicht mehr bewegen. Das gilt für die Jungen wie für die Alten. Die Infantilisierung der Jungen wie der Alten wird begleitet von einer rigorosen Politik der inneren Kolonialisierung: Die »aufsuchende Sozialarbeit« – wie sie sich nennt – findet die, die sich noch nicht im Netz verfangen haben.

Es gibt Ehepaare, die schenken sich zum vierzigsten Geburtstag den Einstand ins Augustinum – eine Edel-Altenheimkette in der Bundesrepublik. Gewiß, ein zugespitzter Fall von Vorsorge für das Alter. Aber er liegt im Trend. Das Alter wird zunehmend begriffen als eine Versicherungsaufgabe. Im Alter erreicht der Sicherheitstrieb seine umfassendste Ausprägung. Aber schon in jüngeren Jahren treibt er uns von Absicherung zu Absicherung, bis schließlich die Fähigkeit zu leben im Packeis der Sicherheitsgesellschaft erfriert. »Die Sozialversicherung ist die gesellschaftliche Prothese einer toten Gesellschaft«, schreibt der französische Soziologe Jean Baudrillard. Ohne diese Prothese können wir nicht mehr leben, so scheint es. Wir können nicht mehr aussteigen aus dem System der sozialen Sicherung. Aber der Satz Baudrillards drängt die Frage auf: Was kostet uns die systematische Verbannung der Unsicherheit, des Risikos aus unserem Leben? Baudrillard meint, die Sicherheitshysterie sei der Versuch, den Tod aus dem Leben auszusperren. Der Tod aber kehre hinterrücks zurück, und so schäle sich aus der Einrichtung von immer neuen und immer umfassenderen Systemen der Sicherheit eine »Kultur des Todes« heraus. Die Vorsorge- und Versicherungsmentalität, mit der heute das Alter angegangen wird, soll Ängste bannen, aber sie treibt das Leben aus dem Haus.

Die ergraute Gesellschaft wird dann nicht in einem Dämmerschlaf verkommen, wenn sie sensibel bleibt gegenüber dem Sicherheitswahn. Noch nie war eine Gesellschaft so pervers, daß sie meinte, ihre Alten in die Schule schicken zu müssen. Die Lawine der Altenbildung rollt, der Diplompensionär wird nicht lange auf sich warten lassen, die Altenbildungspflicht steht vor der Tür. Es ist nicht erstaunlich, daß arbeitslose Akademiker die Alten als Opfer ihres pädagogischen Bekehrungsdrangs auserkoren haben. Da die schulische Betreuung der Kinder und Jugendlichen kaum mehr auszudehnen ist, lockt das pädagogische Brachland um so mehr. Die alten Menschen sind die einzige große gesellschaftliche Gruppe, die keiner verbindlichen Ordnung unterworfen ist: keine Schule wie die Kinder, keine Arbeit wie die Erwachsenen. Das schreit nach Zugriff: Altenbildung. Zahlreich werden die Berufsbilder sein, die sich die Gerontologen ausdenken für die Lehrer und Erzieher der Altenbildung. Die Entschulung der Gesellschaft, wie sie mit guten Gründen verlangt wird angesichts der pädagogischen Überstrapazierung unserer Kinder, könnte bald auch hinsichtlich der Altenbildung gefordert werden. Dies ist kein Plädoyer gegen Neugier oder Lernen im Alter. Im Visier ist die Entmündigung durch die Expertokratie. Hat es das je gegeben, daß die Fähigkeit zu altern von Fachleuten gelehrt wird? Schon lassen sich viele Alte ihren Lebensabend von professionellen Gerohändlern planen und verwalten.

Jung und alt sind nach dem Ende der Familie in die Fänge der staatlichen Daseinsfürsorge geraten. Das ist gleichzusetzen mit einer umfassenden Entmündigung. Das Selbstvertrauen und die Selbstbestimmung werden ausgehöhlt durch die Ammenbrust der Versorgung. Es ist eine Schraube ohne Ende: Jede neue Versorgungsmaßnahme schafft einen neuen Mangel. Das Bedürfnis nach Sicherheit ist unersättlich, und es wächst unaufhörlich. Der französische Schriftsteller Alexis de Tocqueville hat die sich anbahnende Gefahr früh vorausgesehen. Er schrieb 1830:

> »Ich sehe eine zahllose Masse Menschen, die einander gleich und gleichgestellt sind und sich ruhelos mit sich selbst befassen, um sich kleine Freuden des Alltags zu verschaffen, die ihre Seele erfüllen. (...) Über dieser Masse Menschen erhebt sich eine gigantische Gewalt, die diese Menschen bevormundet und es übernimmt, allein für die Befriedigung ihres Lustgefühls zu sorgen und über ihr Schicksal zu wachen. Diese Gewalt ist unbedingt, aufgegliedert, regelmäßig, vorsichtig und freundlich. Sie gliche wohl der väterlichen Gewalt, hätte sie, wie diese, die Vorbereitung der Menschen auf das Mannesalter zum Ziel: Doch sie sucht ja im Gegenteil nichts anderes, als den Menschen in ewiger Kindheit festzuhalten. Sie überläßt den Bürger gern dem Vergnügen, vorausgesetzt, daß er an

nichts anderes als an Vergnügen denkt. Sie arbeitet gern für sein Glück; doch sie will der einzige sein, der das kann und darüber entscheidet. Sie sorgt für seine Sicherheit, sieht voraus und stellt sicher, wessen er bedarf, erleichtert seine Vergnügen, führt seine Geschäfte, lenkt seine Industrie, ordnet seine Erbfolge, verteilt seinen Nachlaß; warum kann sie ihm schließlich nicht ganz die Sorge zu denken abnehmen und die Mühe zu leben?«

Die versorgende, einlullende Gewalt ist in der Tat »unbedingt, aufgegliedert, regelmäßig, vorsichtig und freundlich«. Sie hält die Menschen – die alten wie die jungen – in »ewiger Kindheit«. Wir leben in einer Welt voller nörgelnder, quengelnder Kinder und voller Alten, denen die Sicherheit über alles geht. Die staatliche Ammenbrust ersetzt den Jungen und Alten die Familie, und solange sichergestellt ist, daß sie an dieser Brust saugen können, lassen sie sich im säuglingshaften Dämmerschlaf wiegen.
Es ist eine Drogengesellschaft, bei der die Droge Versorgung heißt. Von dieser Droge profitieren viele, von ihr leben und an ihr berauschen sich viele. Ihre Legalität wird von niemandem bestritten. Politisches Engagement beginnt dort, wo die Verteilung der Droge zur Debatte steht. Aus Politik ist Versorgungslobbyismus geworden. Aber wehe, wenn die Brust verweigert wird. Wenn die Droge ausbleibt, werden die Süchtigen rasend, zu jeder Tat bereit. Wer drogensüchtig ist, braucht immer mehr. Mit den Alten und den Jungen ist es nicht anders. Die Versorgungssucht kann nie gesättigt werden, die Nachfrage wächst. Und bald wird es spannend. Denn die Alten haben in Zukunft die politische Macht, ohne sie werden Wahlen nicht zu gewinnen sein. Die Jungen aber erarbeiten die Mittel, mit denen die Versorgung der Alten bezahlt wird. Ist es wahrscheinlich, daß Drogenabhängige solidarisch teilen?

Der bevorstehende Konflikt zwischen den Generationen hängt zusammen mit der Auflösung der Familie. Der Generationskonflikt wurde in der abendländischen Geschichte in der Familie ausgetragen. Künftig werden die Kämpfe zwischen den Generationen nicht in der Wohnstube, sondern in offener Feldschlacht ausgefochten – zwischen der Jugendlobby und der Altenlobby. Der Kampf um die Verteilung wird schärfer, weil die alten Bindungen, die den Konflikt gemildert haben, zerrissen sind. Aus welchem Grund sollten die Jungen Respekt haben vor den Alten? Aus welchem Grund sollten die Alten die Jungen behüten?
Am Anfang der Kulturgeschichte der Menschheit kämpften die alten und die jungen Götter gegeneinander: Bei den Sumerern gibt es zuerst den Gott des Wassers (Apsu) und die Göttin des Meeres (Tiamat). Aus ihrer Verbindung gehen jüngere Götter hervor. Apsu fühlt sich in seiner Ruhe vom Ungestüm der jungen Götter gestört. Apsu und Tiamat beschließen, ihre Kinder umzubringen. Im Kampf der Götter besiegt aber der junge Marduk die alte Göttin Tiamat. Danach ordnet Marduk die Welt und erschafft den Menschen. Der Kampf der Generationen ist so alt wie die Geschichte der Menschen. Die Kulturgeschichte ist die Geschichte des Versuchs, diesen Kampf zu begrenzen. Die Familie war über Jahrtausende ein geeignetes Mittel, den Konflikt zu meistern. Diese Aufgabe haben heute nachfamiliale Institutionen übernommen. Aber es steht zu befürchten, daß dieses moderne Konzept nicht funktioniert. Tiamat und Marduk treten sich erneut gegenüber.

Die Macht der Greise

Das Wolfsrudel

Es gibt einige grundlegende Unterscheidungen, schreibt der schwedische Schriftsteller und Philosoph Lars Gustafsson, die wir bereits in der Grundschule lernen: »Körper und Seele« etwa oder »Mensch und Tier«. Ein schwacher Geruch von Polizeirevier umgebe diese Unterscheidungen. Die Unterscheidung zwischen Mensch und Tier solle den Gegensatz zwischen human und inhuman erläutern. Es bedarf heute allerdings eines gerüttelten Maßes an Arroganz, um diese klassische Unterscheidung aufrechtzuerhalten. Denn die Fähigkeit zum Inhumanen besitzt der Mensch in weit stärkerem Maße als das Tier, sofern man überhaupt der Tierwelt mit moralischen Kriterien zu Leibe rücken will. Fünfzig Millionen Bisons haben die weißen Pioniere in Amerika binnen weniger Jahre erlegt, oft aus fahrenden Zügen heraus. Sie taten es selten um sich Nahrung zu verschaffen.

Alle fünfzehn Minuten stirbt eine Tierart aus. Jede vierte höhere Pflanzenart droht zu verschwinden: Das sind 75 000 Pflanzen. Der UNO-Generalsekretär hat vor kurzem den fünf Milliardsten Erdenbürger begrüßt. Aus der Sicht der Natur – oder sagen wir altmodisch, der Schöpfung – ist der Mensch ein Makroparasit, der im Begriff ist, die Erde kahlzufressen. Die Gewalt des Menschen gegenüber der Natur kennt keine Grenzen.

Wenn der Mensch schon kein Mitleid aufbringt mit der vergewaltigten Natur, dann sollte er wenigstens bedenken, daß er die eigenen Lebensgrundlagen zerstört. Der französische Ethnologe Claude Lévi-Strauss hat zu Recht festgestellt,

> »daß der Humanismus seinem Untergang entgegeneilt, wenn er weiterhin ein Humanismus der maßlosen Überheblichkeit ist. Wenn er sich retten will, muß er bereit sein, ein bescheidener Humanismus zu werden und einzugestehen, daß der Wert des Menschen nicht darin besteht, ein Wesen außerhalb der Schöpfung zu sein, sondern ein Lebewesen wie alle anderen. Wenn er heute jede Art vernichtet, die ihm nicht gefällt, setzt er sich dem selbstverschuldeten Schicksal aus, zu dem er den Rest der Schöpfung verurteilt. Mit anderen Worten: Wenn wir keine Menschen mehr in Konzentrationslager schicken wollen, müssen wir damit beginnen, die Wale nicht dorthin zu schicken.«

Daß der Mensch ein Teil der Erde ist, das wissen vielleicht noch einige wenige Nomaden in Afrika. Sonst führt sich die Spezies in ebenso arroganter wie törichter Weise als Besitzer der Schöpfung auf. Die nächsten Jahre oder Jahrzehnte am Abgrund werden zeigen, ob es der Natur gelungen ist, ein denkendes Wesen hervorzubringen, oder ob der Mensch sich ruiniert.

Am Anfang der abendländischen Kultur wußten die Menschen, daß sie ein Teil der Natur waren. Der griechische Philosoph Empedokles, der im fünften Jahrhundert vor Christus lebte, sagte: »Einst schon bin ich ein Knabe, bin auch ein Mädchen gewesen, Busch und Vogel und Fisch, der warm aus dem Wasser emporschnellt.« Wir haben dieses Wissen verloren. Am Ende der abendländischen Philosophie schreibt Nietzsche: »Ich fürchte, die Tiere betrachten den Menschen als ein Wesen ihresgleichen, das in höchst gefährlicher Weise den gesunden Tierverstand verloren hat – als das wahnwitzige Tier.«

Es ist ein höchst ambivalentes Unternehmen, wenn man die Entwicklung der menschlichen Gesellschaft im Kontrast zur tierischen Roheit beschreiben will. Der Schriftsteller Hubert Fichte bemerkt: »Wenn man das Verhalten des Zivilisierten mit dem Wolf vergleicht, wird für den, der die Gesellschaften der Tiere kennt, nicht der Zivilisierte beleidigt, sondern der Wolf.« In manchen Tiergesellschaften genießen alte Tiere ein besonderes Ansehen, da sie die Erfahrenen sind. Bei den Dohlen lehren die alten Tiere die jüngeren, Feinde zu erkennen. In vielen Tiergesellschaften währt die Macht der Älteren nur so lange, wie ihre körperlichen Kräfte reichen. Eines Tages rebellieren die jungen Tiere – zum Beispiel bei den Menschenaffen – gegen die alten. Sie töten oder verjagen sie.
Wir haben keinen Anlaß, auf dieses Verhalten herabzusehen. Aus zwei Gründen:

1. Es ist kaum als ein Fortschritt zu betrachten, daß alte Menschen in Ghettos verfrachtet werden und inmitten eines Apparateparks dahinvegetieren, bevor der Tod sie von Tropf und Katheter befreit.
2. Die menschliche Gesellschaft hat die Gesetze des Wolfsrudels nahezu beseitigt mitsamt den Wölfen und unzähligen anderen Tieren und Pflanzen. Kann der Sieger Mensch stolz sein auf ein Lebenskonzept, das vor allem auf der Vernichtung anderer Lebewesen beruht?

Die Entfernung vom Wolfsrudel ist der Versuch der Menschen, andere Formen zur Regelung des Generationskonflikts zu finden. Der Blick auf die Geschichte des Generationsneids drängt allerdings die Frage auf, ob sich die Menschen viel auf ihre Fortschritte einbilden können.

Der Urkonflikt

Am Anfang war die Urhorde, schreibt Charles Darwin. Ein gewalttätiger, eifersüchtiger Vater behält alle Weibchen für sich und vertreibt die heranwachsenden Söhne. Sigmund Freud hat diese Hypothese fortgeschrieben: Eines Tages taten sich die Brüder zusammen, erschlugen und verzehrten den Vater und machten so der Vaterhorde ein Ende. Was dem einzelnen unmöglich war, erreichten sie gemeinsam. Daß sie den Getöteten aufaßen, war selbstverständlich für den kannibalen Wilden. Der gewalttätige Urvater war das beneidete und gefürchtete Vorbild eines jeden aus der Brüderschar. Durch das Verzehren eigneten sie sich ein Stück seiner Stärke an.

Nachdem sie den bewunderten und gehaßten Vater beseitigt haben, werden sie von Reue erfaßt: der Anfang des Schuldbewußtseins. Soweit Freud.

Der Totemismus ist der älteste religiöse Ausdruck dieses Schuldgefühls. Das Totemtier ist Vaterersatz – es darf nicht getötet werden. Die Söhne verzichteten zudem auf die frei gewordenen Frauen: Das Inzesttabu entstand. Mord und Inzest sind die einzigen Verbrechen, die die Urgesellschaft kennt.

Freud behauptet, der Mord an dem Vater sei der Anfang der Kultur. Alle Religionen seien Lösungsversuche dieses Urproblems: den beleidigten Vater nachträglich zu versöhnen. Das Schuldbewußtsein lasse die Menschheit nicht zur Ruhe kommen, und diese Unruhe schaffe die »Gesellschaft«.

Man kann auch sagen: Der Generationskonflikt ist das Urthema der Menschheit, und die Versuche, ihn zu schlichten, schaffen Kultur. Die Geschichte der Menschheit ist demnach das Bemühen, das Aufflammen des Generationskonflikts zu verhindern. In jeder Facette der Menschheitsgeschichte droht der mühsam verdeckte Urkonflikt aufzubrechen: Väter und Mütter wollen die Macht auf Kosten der Jungen monopolisieren, oder die Kinder wollen die Macht der Eltern brechen. Konservative Epochen im Wechsel mit revolutionären Epochen. Zeiten der Alten, Zeiten der Jungen.

Wie Könige sterben

Es ist in vielen afrikanischen Königreichen üblich gewesen, den alternden König zu ermorden. Die Macht des Königs und seine magische Kraft sind direkt verbunden mit seiner körperlichen Verfassung. Der geringste körperliche Makel kann ihn gefährden, ein graues Haar, ein ausgefallener Zahn. Ein König, der den Bogen nicht mehr spannen kann oder impotent ist, wird getötet oder zum Selbstmord gezwungen. Manche afrikanischen Könige wurden nur für eine bestimmte Zahl von Jahren eingesetzt (oft sind es sieben), nach deren Ablauf mußten sie sterben. Bei den Bambara war es der König selbst, der die Zahl seiner Regierungsjahre festlegte: Ein Baumwollstreifen wurde ihm um den Hals gelegt, an den Enden zogen Männer, und der König versuchte aus einer Kalebasse so viele Kiesel herauszunehmen, wie er fassen konnte. So viele Kieselsteine er griff, so viele Jahre konnte er herrschen. Danach wurde er erwürgt.

Die Macht des Vaters erfährt hier eine erste konstitutionelle Begrenzung, und diese erste »verfassungsmäßige« Grenze der Vatermacht ist der Tod. Der Anfang der Verfassungsgeschichte ist die Regelung des Aufstands der Jungen. Dem Vater, dem König wird Macht zugestanden, aber nur für eine begrenzte Zeit. Am Ende triumphieren doch die Jungen.

Im Reich Ankole, im Innern Afrikas, mußte der König Gift nehmen, wenn seine Frauen und die Häuptlinge Schwächen an ihm wahrnahmen. Der stärkste Sohn – nicht der älteste – sollte Nachfolger werden. Der Konflikt wurde mit körperli-

cher Gewalt entschieden. Nach dem Tod des Königs brach ein Nachfolgekrieg aus unter dessen Söhnen, er konnte Monate dauern. Mit allen Mitteln bemühten sich die Prinzen, die Konkurrenten zu töten. Der Lieblingssohn des Königs hielt sich während dieser Zeit versteckt. Wenn aus den Kämpfen unter seinen Brüdern einer als Überlebender hervorging, verließ der Lieblingssohn sein Versteck, und es kam zum Zweikampf. Wer darin siegte, wurde König.
Die Nachbarn des Reichs Ankole verfuhren mit ihrem König und mit der Nachfolgefrage ähnlich, im Jahr 1871 zum letztenmal. Als der alte König gestorben war, beteiligten sich nur seine jüngsten Kinder nicht an den Kämpfen um die Nachfolge. Ein Knabe wurde vom obersten Häuptling, der vor dem Antritt des neuen Herrschers die Regentschaft ausübte, beredet, daß er der gewählte König sei. Der Junge antwortete: »Täuscht mich nicht. Ich bin nicht König, ihr wollt mich nur töten.« Doch er mußte sich auf den Thron setzen. Die Häuptlinge erwiesen ihm die Ehre. Der Sieger aus den Nachfolgekämpfen – Kabarega – kam als einfacher Prinz gekleidet. Er brachte ein Geschenk – wie die anderen Häuptlinge auch –, eine Kuh. Da fragte der Regent: »Wo ist meine Kuh?« Der (noch) heimliche König erwiderte: »Ich habe sie der Person gebracht, der sie gebührt, dem König.« Der Regent betrachtete diese Antwort als eine Beleidigung und schlug Kabarega mit einer Schnur über den Arm. Der heimliche König verließ zornig den Raum, um seine Krieger zu holen. Der Regent sagte zum Knaben auf dem Thron: »Kabarega kommt, auf zum Kampf!« Der Knabe wollte fliehen, der Regent packte ihn, führte ihn in den hinteren Teil des Thronraums und erdrosselte ihn. Für Elias Canetti, der diese Geschichte berichtet, wird der Knabe getötet, um das Überleben des Stärksten rituell zu demonstrieren. Die Macht liegt beim Stärksten, er ist in der Blüte seiner Jahre. Die Alten sind ebenso wie die Kinder in der Gewalt des Kräftigen.

Die Ermordung des Vaters in der Urhorde, die Tötung des alt gewordenen Königs in Afrika sind Tatbestände, die zeigen, daß die Menschen zu jener Zeit der Tiergesellschaft noch nahe sind: Das Recht des Stärksten ist der Maßstab aller Dinge. Aber die Morde sind auch erste Regelungen des Generationskonflikts, sie stehen am Anfang der kulturellen Evolution. Mit Hilfe dieser und anderer Verfahren wird das Dach gezimmert, unter dem die Generationen gemeinsam sitzen und sich vor den Gefahren des Alltags schützen. Der König Kabarega sitzt, bildlich gesprochen, in der Mitte, die Alten und die Jungen sitzen außen, am Rand. Die Männer (seltener die Frauen) in der Mitte entscheiden über Leben und Tod der Randfiguren. Eines Tages werden auch sie zu den Alten gehören und von den Jungen verdrängt werden. Und das wissen sie.

Elternmord, Kindesmord

Unter dem in der Kulturgeschichte gezimmerten Dach saßen zunächst Stammesangehörige oder die Sippe, schließlich die Familie im engeren Sinn: Großeltern, Eltern und Kinder. Unter dem Dach leben die Generationen zusammen, und unter ihm wird der Konflikt zwischen ihnen ausgetragen. Das Bild eines friedlichen familiären Miteinanders wird uns zwar vorgegaukelt, aber der Blick auf die Geschichte der Menschheit zeigt, daß statt Frieden nicht selten Mord und Totschlag herrschten.
Der Angriff auf die Eltern ist ein Angriff auf das Fundament der Familie – jedenfalls nach dem Selbstverständnis der Eltern, und sie bestimmen in der Kulturgeschichte, was tabu ist. In nahezu allen Kulturen und Zeiten gilt der Elternmord als ein todeswürdiges Verbrechen. Ein furchtbares Schicksal ereilt Ödipus, der seinen Vater ermordet hat, und nicht weniger schwer ist das Los, das Orest trifft, der seine Mutter getötet hat! Hinter der drastischen Vergeltung steht die Angst vor dem Aufstand der Jungen.
Plato sagt: »Wenn ein Mensch mehr als einmal getötet werden könnte, so müßte mit vollem Recht jeder, der in einem Anfall von Leidenschaft Vater oder Mutter tötet, mehrmalige Tode erleiden.« Selbst in Notwehr dürfe die Hand nicht gegen die Eltern erhoben werden. In Athen waren Elternmörder die einzigen unter den des Mordes Beschuldigten, denen vor dem Urteilsspruch keine Möglichkeit zu fliehen gegeben wurde. Im Römischen Reich wurden Elternmörder

auf seltsame Weise bestraft. Der Täter wurde in einen Ledersack eingenäht zusammen mit einem Hund, einem Hahn, einer Natter und einem Affen, und der Sack wurde dann ins Meer oder in einen Fluß geworfen.
Der Elternmord blieb auch in der christlichen Epoche das schrecklichste Verbrechen. In Frankreich schrieb noch zu Beginn dieses Jahrhunderts der Code pénal vor, den Elternmörder im Hemd, barfüßig, das Haupt mit einer schwarzen Kapuze bedeckt, zur Richtstätte zu führen. Zur selben Zeit galt dort der Mord, der einer Beleidigung folgte, als entschuldbar. Die Familie ist ein Heiligtum. Die Zehn Gebote nennen die Achtung der Eltern an vierter Stelle – vor dem Tötungsverbot. Auch dies zeigt, wie die Eltern ihre Macht benutzten, um kulturelle Muster, Verbote und Gebote nach ihren Bedürfnissen und Ängsten zu gestalten.
Aus dem Jahr 1343 ist der Bericht über einen Vatermord überliefert, hinter dem das Aufflammen des stets gegenwärtigen und mühsam zivilisierten Generationskonflikts spürbar ist. Das Familiendrama ereignete sich in der Fastenzeit. Ein Mann war von seinem Herrn so geschunden und besteuert worden, daß von seinem früheren Vermögen nichts übrigblieb. Er ging zu seinem ältesten Sohn und bat ihn um Hilfe, weil er in großer Not sei. Er möge ihm wenigstens eine Kuh abgeben. Aber der Sohn wies ihn ab, und der Vater sagte zu seinem Sohn: »Jetzt muß ich, von Hunger getrieben, den Leuten ihre Sachen stehlen; da sollte ich lieber bei dir stehlen, denn du hast Besitz und Leben nächst Gott von mir.« Der Sohn erwiderte, er würde den Vater töten, wenn der ihm irgend etwas raube.
Trotzdem nahm der Vater dem Sohn eine Kuh von der Weide fort. Der Sohn hörte davon, er verfolgte den Vater, fing ihn mitsamt dem Diebesgut, schleppte ihn zum Gericht und zeigte ihn an. Als der jüngere Sohn dies hörte, sagte er zum Bruder: »Das kann doch nicht dein Ernst sein, daß du unse-

ren Vater zu Tode bringst, denn wenn du das tätest, würdest du Gott beleidigen und unsere ganze Nachkommenschaft entehren.«
Der ältere Bruder aber ließ sich nicht besänftigen. Der jüngere Bruder ging, um seine Freunde zu rufen, damit sie den Bruder von der Untat abhielten. Der ältere Bruder bedrängte den Richter, er solle den Diebstahl ahnden. Der Richter redete ihm zusammen mit den Beisitzern und Anwälten gut zu, er möge gegen den Vater nicht strafrechtlich vorgehen, weil das ein großes Unrecht in der Kirche Gottes sei. Aber es half nichts. Der Richter mußte das Verfahren eröffnen, und er verurteilte den Vater zum Tod durch den Strang. Als er hingerichtet werden sollte, versuchte der Henker, dem Vater das Leben zu retten. Er rief dem versammelten Volk zu: »Was meint ihr? Ich halte es für vernünftig, daß unter den hier Anwesenden der schlimmste Übeltäter das Urteil vollstreckt.« Alle stimmten zu, daß Rechtsordnung und Vernunft dies verlangten, und der Scherge erklärte: »Der ist's, der Teufelssohn, der dem Vater den Strick gedreht hat!« Der Sohn aber ließ sich nicht einschüchtern und knüpfte den Vater eigenhändig auf.
Inzwischen kam der jüngere Bruder mit seinen Freunden zurück und sah, was geschehen war. Er stürzte sich vor aller Augen auf den Bruder und durchbohrte ihn mit dem Schwert. Die Leiche ließ er unbestattet liegen, Hunden und anderem Getier zum Fraß. Doch sogar sie – so berichtet der Franziskaner Johannes von Winterthur in seiner Chronik – schauderten vor seiner Bosheit und rührten ihn nicht an, als wäre er vergiftet.

In dieser Geschichte wird eine lange kulturelle Entwicklung des Generationskonflikts erkennbar. Der mörderische Sohn vertritt einen Rechtsstandpunkt aus der bäuerlichen Lebenswelt. Der Vater hatte seine Söhne bereits aus der Hausgewalt entlassen und ihnen das, was ihnen zustand, ausgehändigt. Dadurch – so erklärt der Historiker Arno Borst die Geschichte – verlor er das Recht, auf das Kindesgut zuzugreifen. Die Söhne wohnten nicht mehr im Haus des Vaters und hatten eigene Familien. Sie waren nicht verpflichtet, den verarmten Vater zu unterstützen. Der Vater machte sich demnach eines Verbrechens schuldig.

Der Vater sitzt nicht mehr im Zentrum der Macht, und der Angriff auf ihn ist daher kein Aufstand des Sohns gegen den Vater oder des Jungen gegen den Alten. In der Darstellung des Franziskanermönchs wird ein Gesichtspunkt erkennbar, der noch Jahrhunderte später gültig sein wird: Johannes sieht die Geschichte mit den Augen des »guten« Sohns. Dieser betrachtet die Familie als eine Notgemeinschaft, deren Mitglieder unter allen Umständen füreinander eintreten. In dieses Bild paßt der mörderische Kampf der Generationen nicht mehr. Und dagegen verstößt der Sohn, der den in seinen Augen überflüssig und zur Last gewordenen Alten beseitigt.

Während der Elternmord ein Tabu aller Kulturen und Zeiten sein dürfte, ist die Tötung von Kindern und Alten eine bis in die jüngste Vergangenheit geduldete und bisweilen geförderte Praxis. Die Alten und Jungen sitzen zwar unter dem Dach der Generationen, aber sie sitzen am Rand. Und manchmal gibt es Gründe, ihnen auch diesen Platz zu nehmen. Sinnfällig wird das in den Bestimmungen des westgotischen Rechts aus dem sechsten Jahrhundert. Für den Mord an einem Freien müssen nach seinen Bestimmungen folgende Bußen gezahlt werden:

60 Goldsous für ein einjähriges Kind,
150 Goldsous für einen Jungen im Alter von 15 bis 20 Jahren,
300 Goldsous für einen Mann im Alter von 20 bis 50 Jahren,

200 Goldsous für einen Mann im Alter von 50 bis 65 Jahren und
100 Goldsous für einen Mann über 65 Jahren.

An den Rändern ist das Leben wenig wert – das Definitionsmonopol der starken Erwachsenen ist unübersehbar.
Kinder werden meist aus eugenischen Gründen getötet: kranke, schwache, mißgebildete Kinder. Hinzu kommen wirtschaftliche Motive, viele Familien können nur eine begrenzte Zahl von Kindern ernähren. Bei den Alten tritt der Euthanasiegedanke in den Vordergrund: Kranke, schwache und auf dauerhafte Pflege angewiesene Menschen sind eine Last für das Generationsbündnis.
Daß die Ermordung von Kindern üblich, wenn auch keine Belanglosigkeit war, daran erinnern die Mythen und Märchen der Völker. Hänsel und Gretel werden von ihren Eltern ausgesetzt, weil nicht genug zu essen da ist. Im befreienden Gegenzug wirft Gretel die alte Hexe in den Ofen: auch eine Spiegelung des Generationskonflikts. Tantalus setzt seinen Sohn Pelops den Göttern als Speise vor. Agamemnon opfert Iphigenie, um in Troja zu siegen. Abraham ist bereit, für Gott seinen Sohn Isaak zu töten. In der Geschichte von Abraham und Isaak zeigt sich die Ablösung des Kinderopfers durch das Tieropfer: Abraham darf an Stelle seines Sohns ein Tier schlachten. Die Phönizier verbrannten lebende Kinder, um die Götter gnädig zu stimmen. Während einer Belagerung Karthagos (307 v. Chr.) wurden zweihundert Kinder der besten Familien der Stadt in einer glühenden Pfanne verbrannt.
In Ägypten mußten die Eltern ihr ermordetes Kind drei Tage und drei Nächte in den Armen halten. Eine drastische Strafe, aber keine tödliche. Während Elternmörder grausam zu Tode gebracht wurden, ist die Kindestötung zwar verboten, aber doch ohne schwerwiegende Folgen auszuführen. Ägyp-

ten war reich und die Ermordung von Kindern nicht so oft mit wirtschaftlichen Gründen zu rechtfertigen wie etwa bei seinen Nachbarn oder in anderen Teilen der Welt, wo meist Armut herrschte.

Bei Jägern und Sammlern, Nomaden und anderen sogenannten primitiven Gesellschaften sind Kindestötungen nicht selten, wenn man den Berichten von Reisenden und Ethnologen glauben kann. Die Opfer sind oft mißgebildete Kinder, Kopfgeburten, Zwillinge, aber auch Kinder, die in bestimmten Monaten oder an bestimmten Tagen geboren wurden. In Madagaskar sollen Kinder, die im März oder im April, an einem Mittwoch oder an einem Freitag geboren wurden, umgebracht worden sein. Die Tötungen im März und im April dürften mit der schlechten Ernährungslage im Winter zu tun haben. Die Tötung von Zwillingen wird darauf zurückgeführt, daß die Menschen glaubten, ein Mann könne nicht gleichzeitig Vater von zwei Kindern sein; Zwillinge galten als Zeichen von Treulosigkeit. Vor allem aber dürften Kindestötungen dem Zweck gedient haben, eine Überbevölkerung zu verhindern.

In Polynesien – so berichten frühe Reisende – sollen zwei Drittel aller Nachkommen getötet worden sein. Dort wie bei anderen Völkern wird das Bevölkerungswachstum begrenzt durch die Tötung von Neugeborenen. Häufig sind die Mädchen betroffen, dies gilt besonders bei kriegerischen Stämmen und dort, wo die Töchter mit einer Mitgift ausgestattet werden müssen. Die Kandhs in Kanada töteten alle Mädchen der Nachkommenschaft bis auf eines. Die Hakka in China, ein Mongolenstamm, quälten kleine Mädchen zu Tode, um die Seele zu zwingen, das nächste Mal in Gestalt eines Knaben zu erscheinen. Bei den Abiponen in Paraguay durften nur zwei Kinder überleben. Die Abiponen waren Nomaden: Die Mutter trug ein Kind und der Vater eines. Mehr konnten nicht transportiert werden. Bei den Hottentotten scheint es die Gewohnheit gegeben zu haben, Säuglinge, deren Mütter bei der Geburt starben, lebendig zu begraben. Die Mühsal der Kinderaufzucht hat in der Südsee zur Praxis des Kindesmordes beigetragen.

Bei den Menschengruppen, die gewöhnlich als »Kulturvölker« bezeichnet werden, verläuft die Kindestötung in geregelteren Bahnen. Oft werden die Kinder ausgesetzt, statt sie gleich zu töten, und manche Vertreter der Religionen führten einen heftigen Kampf gegen den Kindesmord. Mohammed, der Prophet des Islams, sagt: »Töte nicht deine Kinder, denn sie zu töten ist immer eine große Sünde.«

Besonders detailliert geregelt ist die Kindestötung in Militärstaaten wie Assyrien, dem antiken Sparta und dem Römischen Reich. Die Zahl der Kinder, besonders der Söhne, soll groß sein, denn es werden Krieger gebraucht. Daher galt in Assyrien die Abtreibung als ein todeswürdiges Verbrechen. Führte eine Frau absichtlich eine Frühgeburt herbei, wurde sie aufgespießt.

Die Kinder müssen ohne Mängel sein. In Sparta gab es einen staatlichen Gutachterrat, der jedes Kind, das Schäden aufwies, töten ließ. Die Kinder wurden von einem Berg des Taygetos herabgeworfen. Es war die Pflicht jedes Spartaners, sich eugenischen Vorschriften zu unterwerfen.

Auch im friedlicheren Athen galt die Kindestötung als ein legitimes Mittel gegen den Bevölkerungsüberschuß und gegen die Aufsplitterung des Grundeigentums. Jeder Vater durfte sein Kind aussetzen, wenn es nicht mit Sicherheit von ihm stammte und wenn es schwächlich oder mißgebildet war. Kinder von Sklaven wurden selten am Leben gelassen. Mädchen wurden häufiger ausgesetzt als Jungen, denn Töchter hatten das Recht auf eine Mitgift. Das auszusetzende Kind wurde in ein großes Tongefäß gelegt, das in der Nähe eines Tempels abgestellt wurde. Wenn jemand das Kind adoptieren wollte, konnte er das Gefäß nehmen. Die griechischen Philosophen hatten nichts einzuwenden gegen die Kindesaussetzung. Plato, der den Elternmord streng geahndet wissen will, fordert, alle schwachen Kinder und alle Kinder von niedrigstehenden oder älteren Eltern auszusetzen. In Rom geboten Sitte und Gesetz, mißgestaltete Neugeborene zu töten. Seneca schreibt: »Wir ertränken unsere Kinder, wenn sie schwach oder widernatürlich geboren werden.« Es sei vernünftig, so sagt er, das Nutzlose vom Gesunden zu scheiden. Der Vater hat das Recht, Kinder zu töten und auszusetzen, aber er wird getadelt, wenn er gesunde Kinder umbringt, es wird darauf geachtet, daß die Bevölkerung wächst.

Solange es Kindestötungen gab, gab es auch ihre Kritiker. So wird von einer Auseinandersetzung Epiktets (etwa 50–138) mit den Ansichten Epikurs berichtet, der geschrieben hatte, man solle seine Kinder nicht aufziehen. Epiktet erwidert:

> »Selbst ein Schaf wird seine Jungen nicht verlassen noch ein Wolf; und ein Mensch sollte es tun?« Epikur: »Was, du willst, daß wir einfältig seien wie die Schafe?« Epiktet: »Aber sie verlassen ihre Jungen doch nicht!« Epikur: »Oder wild wie die Wölfe?« Epiktet: »Doch auch diese verlassen sie nicht. Sieh doch, wer würde dir gehorchen, wenn er sein kleines Kind niederfallen sieht und schreien hört?«

Mit der Durchsetzung des christlichen Glaubens in Europa verändert sich die Haltung zum Kindesmord. Das offizielle Christentum hat den Kindesmord von Beginn an bekämpft, die Praxis der Tötung aber hat es lange Zeit nicht ausrotten können.

Es kommt zu einer Zäsur in der Kulturgeschichte, als Staat und Religion begannen, sich einzumischen in die Verhältnisse unter dem Generationsdach. Sie nahmen den Eltern die Macht, über Tod und Leben innerhalb der Familie zu entscheiden. Die Familie verliert ihr Monopol, andere Institutionen treten hinzu, und sie werden fortan der Familie immer mehr von ihrer Bedeutung rauben, bis sie sich im Zustand der Auflösung befindet.

Kaiser Valentinian I. (364–375) erklärte den Kindesmord zu einem Kapitalverbrechen, und die Kirchenväter bekämpften ihn in ihren Schriften. Weil dem ungetauften Kind die ewige Verdammnis drohte, wurde auf dem Mainzer Konzil von 852 die Strafe für Mütter verschärft, die ungetaufte Kinder töteten. Tötet eine Mutter dagegen ein getauftes Kind, fällt die Strafe milder aus. In Deutschland und der Schweiz wurden Kindesmörderinnen lebendig begraben, nachdem ihnen ein Pfahl durch den Leib gestoßen worden war.

Unter der Herrschaft der christlichen Kirche und ihrer Familienpropaganda wird nicht der Vater eines getöteten Kindes zur Rechenschaft gezogen. Staat und Kirche verfolgen die Kindesmörderinnen – das sind oft Frauen, die außerhalb der heiligen Ehe Kinder bekommen und diese töten, damit niemand es merkt. Das unehelich geborene Kind trägt zeit seines Lebens einen Schandfleck, und seine Mutter hat schwer gesündigt.

Die Constitutio Criminalis Carolina, die von Karl V. auf dem Reichstag von Regensburg im Jahr 1532 erlassene Strafordnung, sagt zur Kindestötung: Wenn eine Jungfrau verdächtigt wird, daß sie heimlich ein Kind gehabt und getötet hat, so soll man erkunden, ob sie mit einem ungewöhnlich dicken Leib gesehen worden sei. Ob sie später dünn geworden sei und schwach und blaß ausgesehen habe. Sie solle dann von verständigen Frauen untersucht werden, und wenn dies weiteren Argwohn hervorrufe, dürfe sie auch peinlich – unter Anwendung der Folter – befragt werden. Werde die Mutter überführt, so solle sie gepfählt und lebendig begraben werden. Das Gericht könne aber auch milder verfahren und die Frau ertränken lassen. Wenn aber die Tat häufiger vorgekommen sei, solle die alte Strafe gültig sein, oder die Frauen sollten vor dem Ertränken mit glühenden Zangen gerissen werden.

Offenbar um der Kindestötung vorzubeugen, zeigen sich seit dem sechsten Jahrhundert Ansätze, Heime für Findelkinder zu gründen. 1190 ruft in Montpellier ein Mönch gar einen Orden ins Leben, der sich der Aufzucht von Waisen und Findelkindern widmet. Man sieht auch hier, wie Institutionen außerhalb der Familie allmählich beginnen, die Sorge für die Kinder zu übernehmen. Das Zusammenleben der Generationen ist nicht mehr allein eine Sache der Familie, sondern wird auch zur Angelegenheit anderer Einrichtungen, zunächst der Gerichte (im Fall des Mordes) und der Kirche (im Fall der Aussetzung). Die römische Strafe, die ursprünglich für den Elternmörder vorgesehen war, lebt im siebzehnten Jahrhundert in Europa wieder auf, um an Kindesmörderinnen exekutiert zu werden. Die Frau wird mit Hund, Affe, Hahn und Schlange in einen Ledersack genäht und ertränkt. Die Gewichte haben sich verschoben.

Im Gegensatz zu Jäger-und-Sammler-Gesellschaften und auch zu antiken Hochkulturen wird der Kindesmord im christlichen Europa juristisch verfolgt. Er ist dadurch aber noch lange nicht unterbunden. Leicht konnten Eltern eine Kindestötung als Unfall tarnen. Der Rückgang der Säuglingssterblichkeit im achtzehnten Jahrhundert ist weniger dem medizinischen Fortschritt oder hygienischen Maßnahmen zu verdanken als vielmehr der Tatsache, daß überzählige Kinder nicht mehr im Bett erstickt wurden. Wenn die Bischöfe in diesen Zeiten – nach dem im Dezember 1545 eröffneten Tridentinischen Konzil – streng verboten, daß Kinder in den Betten der Eltern schliefen, so richtete sich dies vor allem gegen diese Tötungspraxis.

Unzählige Dienstmädchen, Tagelöhnerinnen und Arbeiterinnen wurden im achtzehnten und neunzehnten Jahrhundert zu Kindesmörderinnen. Sie wußten sich nicht anders zu helfen, als uneheliche Kinder zu töten. Mütter mit unehelichen Kindern gerieten unweigerlich in das Kreuzfeuer der christlichen und bürgerlichen Moralprediger. Nie zuvor war der Kindesmord juristisch so massiv verfolgt worden, nie zuvor war der öffentliche Druck auf Mütter unehelicher Kinder so groß gewesen. Und immer mehr Kinder wurden getötet – bis sich in unserem Jahrhundert die Moralvorstellungen änderten.

Die Kindestötung geschah in der Antike in einem ethikfreien Raum. Mit dem Sieg des Christentums wird der Kindesmord geächtet, heute steht der Fötus im Mittelpunkt der Diskussion. Die Frage, wann das Leben eines Kindes beginnt, ist heftig umstritten. Der Bischof von Fulda verkündet 1988: Die Abgeordneten des Hessischen Landtags, die über den Abtreibungsparagraphen 218 diskutierten, seien »Angehörige einer gottlosen und kindesmörderischen Generation«. Schwangerschaftsabbrüche bezeichnete er als »Kinder-Holocaust«, und dem Gesetzgeber warf er die »massenweise Tötung ungeborener Kinder« vor. Der Bischof knüpfte damit an die Predigten seiner mittelalterlichen Vorgänger gegen den Kindesmord an. Das war damals ein Eingriff in Angelegenheiten, die ursprünglich – nach antiker Vorstellung jedenfalls – nur die Familie angingen. Heute dringen Staat und Kirche noch viel weiter in die Privatsphäre vor – bis zur Gebärmutter. Staat und Kirche beanspruchen ein Mitspracherecht über das, was im Mutterleib vor sich geht.

Die Diskussion um den Kindesmord wird wiederaufflakkern: zum Beispiel bei dem Streit um die Frage, ob azephale Kinder (Kinder, die ohne Hirn geboren werden) als Organspender, als Ersatzteillager gewissermaßen, betrachtet werden dürfen. Außerdem dürfte der Tag nicht fern sein, an dem

es möglich ist, die Geburt behinderter Kinder gentechnisch auszuschließen und Eigenschaften, Geschlecht und Aussehen der Neugeborenen zu manipulieren.
Das ist der Prozeß im Rückblick: Aussetzung und Tötung von Kindern, Diskussion um das Recht der Kindestötung. Bestrafung der Kindestötung, Abtreibung, Bestrafung der Abtreibung, gentechnische Manipulation an Kindern, Diskussion um die rechtlichen Voraussetzungen dafür. Was geschieht da? Die Menschen legen die Entscheidungsgewalt immer mehr in die Hände von religiösen, juristischen und medizinischen Experten. In einer antiken Militärgesellschaft erwürgt der Vater sein behindertes Kind, eine moderne Laborgesellschaft sondert es im Reagenzglas aus.
Aldous Huxley beschreibt eine »schöne neue Welt«, in der Kinder im Reagenzglas gezüchtet werden für zwei verschiedene Klassen, je nachdem, welche Aufgabe sie zu erfüllen haben werden: Sklaven oder Elite. In jeder Gruppe ist das Verhalten perfekt angepaßt. Eine Gesellschaft ohne Konflikte, ohne Leiden, ohne Liebe, ohne Leidenschaft und ohne Schmerz entsteht. Es ist ein Christentum ohne Schmerz, langweilig und leblos. Selbst der Tod ist integriert: Die Kinder werden in Sterbekliniken gebracht, um dort beim Verzehr von Schokoladekuchen an den Anblick des Todes gewöhnt zu werden. Jeder Schrecken ist aus dieser Lebenswelt getilgt und jedes Leben.
Das grausige Märchen vom Machandelboom stammt aus einer früheren Zeit. Marlenchen bittet ihre Mutter um einen Apfel. Sie bekommt ihn aus einer Kiste, die einen großen schweren Deckel und ein großes eisernes, scharfes Schloß hat. Der Stiefbruder kommt aus der Schule, und die Mutter bietet auch ihm einen Apfel an. Der Kleine bückt sich in die Kiste, da schlägt die Mutter die Kiste zu und dem Jungen den Kopf ab. Die Frau setzt dem toten Jungen den Kopf wieder auf, bindet ihm ein weißes Tuch um den Hals, damit man die

Wunde nicht sieht, setzt ihn vor die Tür auf einen Stuhl und gibt ihm einen Apfel in die Hand. Weil die Mutter sie dazu verleitet, gibt Marlenchen dem Bruder eine Ohrfeige. Der Junge verliert seinen Kopf ein zweites Mal. Das Mädchen weint, da schlägt die Mutter vor: »Wir wollen ihn in Sauer kochen.« Wie Tantalus seinen Sohn Pelops den Göttern vorsetzt, wird nun der in Sauer gekochte Junge dem Vater als Speise serviert.

»Ach Frau, was schmeckt mir das Essen so gut, gebt mir mehr.«

Eine gräßliche Mischung aus Familienglück und Mord. Der Frieden unter dem Dach der Familie ist schwer zu bewahren. Inmitten der Familienidylle tötet die Mutter und ißt der Vater das Kind.

Die Schwester sammelt die vom Vater unter den Tisch geworfenen Knochen, bindet sie in ihrem seidenen Tuch zusammen und trägt sie zum Machandelboom (Wacholderbaum). Dort weint sie bittere Tränen. Da fängt der Baum an, sich zu bewegen, ein schöner Vogel fliegt aus ihm heraus, und er ruft ein Lied:

> Meine Mutter, die mich g'schlacht,
> Mein Vater, der mich aß,
> Meine Schwester, das Marlenichen,
> Sucht alle meine Beenichen,
> Bind sie in ein seiden Tuch,
> Legt's unter den Wacholderbaum.
> Kiwit, Kiwit,
> Was für ein schöner Vogel bin ich.

Mag die Mutter das Kind töten, mag der Vater es aufessen: Die Lebenskraft der Jungen ist allemal größer als die der Alten. Mögen die Eltern heute die Macht haben, den Kampf gegen die Jungen verlieren sie doch. Irgendwann ist es mit dem Leitwolf zu Ende, er wird schwach, und die jungen, kräftigen Tiere des Rudels fallen über ihn her.

Mit dem Seehundknochen erwürgt

Wenn die alten Menschen zu schwach wurden, um Holz oder einen Korb Eicheln aus dem Wald zu holen, dann wurden sie den Söhnen eine Last. Die Gallinomero in Kalifornien drehten den Alten auf den Rücken, hielten ihn fest, und einer legte ihm einen Stock über die Kehle. Zwei setzten sich auf die Enden des Stocks, bis der Alte aufgehört hatte zu atmen.

Vor allem bei Nomaden war die Ermordung alter Menschen keine Seltenheit. Wenn sie nicht mehr mitkommen oder zur Nahrungsbeschaffung nicht mehr beitragen konnten, dann wurden sie getötet oder zurückgelassen. Bei den Eskimos wurden sie ins eiskalte Wasser geworfen, bei sibirischen Völkern hinterrücks mit einem Seehundknochen erwürgt.

Teilweise scheinen die Alten mit der Tötung einverstanden gewesen zu sein, teilweise haben sie sich dagegen gewehrt. Manchmal wurden sie im Rahmen eines großen gemeinsamen Festes getötet, manchmal kam der Tod plötzlich und hinterrücks. Ebenso wie beim Kindesmord, von dem die frühen Reisenden und Entdecker zu erzählen wissen, muß man auch die zahlreichen Berichte über die Tötung der Alten bei »primitiven Völkern« mit Vorsicht betrachten, Übertreibungen sind denkbar. Die Berichte sind allerdings so zahlreich, daß an der Tatsache selbst nicht zu zweifeln ist.

Die Täter rechtfertigten sich, indem sie auf die materielle Not oder auf das Leiden der Alten hinwiesen. So wird von den Hottentotten erzählt, daß sie sagten: »Ist es nicht grausam, zuzulassen, daß Mann oder Frau lange Zeit unter einem beschwerlichen, bewegungslosen Alter schmachten? Kannst du deine Eltern oder Verwandten zittern oder frieren sehen im kalten, öden, beschwerlichen Alter, ohne auf den Gedanken zu kommen, aus Mitleid mit ihnen ihrem Unglück ein Ende zu machen?«

Bei den Jakuten in Sibirien tyrannisierte der Vater die Familie, solange er kräftig war. Aber sobald sie stark genug waren, entrissen die Söhne ihm die Macht. Die Alten hatten dann die Möglichkeit, als Sklaven im Haus der Kinder weiterzuleben oder sich mit einem Messerstich ins Herz von den Kindern töten zu lassen. Ein Jakute begründete die schlechte Behandlung, die er seiner Mutter zuteil werden ließ, mit den Worten: »Soll sie doch weinen! Soll sie Hunger leiden! Sie hat mich mehr als einmal zum Weinen gebracht und mir mein Essen mißgönnt. Sie hat mich wegen Nichtigkeiten geschlagen.«

Simone de Beauvoir berichtete von einem Fall, der in einem japanischen Roman geschildert wird: Die Dörfer in manchen Gebieten Japans waren so arm, daß die Alten geopfert wurden, damit die anderen überlebten. Man brachte sie auf »Totenberge« und setzte sie dort aus. Dieses Schicksal war auch O Rin zugedacht, einer fast siebzigjährigen Frau, die von ihrem Sohn Tappi sehr geliebt wurde. Auf der Straße erklang der Nayarama-Gesang. In ihm wurde den Alten bedeutet, daß die Zeit ihrer Pilgerschaft näher rückte. Am Vorabend des Totenfestes riefen diejenigen, die zum Berg gehen mußten, alle Leute des Dorfes zusammen, die ihre Eltern schon zum Berg gebracht hatten. An diesem einzigen großen Festtag des Jahres wurde weißer Reis gegessen und Reiswein getrunken. O Rin entschied sich, den Gang zum Totenberg in diesem Jahr anzutreten. Sie war zwar noch kräftig, sie arbeitete und hatte sogar ihre Zähne behalten. Aber das bekümmerte sie, denn in einem Dorf, in dem die Nahrung knapp war, empfand man es als Schande, daß sie in ihrem Alter noch alles essen konnte. Ein Enkel hatte sie in einem Lied verspottet, sie die Alte mit den dreiunddreißig Teufelszähnen genannt. Sie hatte sich zwei Zähne mit einem Stein ausgebrochen, aber der Spott der Kinder hörte nicht auf. Sohn und Schwiegertochter weinten, als sie vom Entschluß der Mutter erfuhren, auf den Totenberg zu gehen. Als das Fest begann, hoffte O Rin, daß es schneien würde, denn das bedeutete, daß sie im Jenseits wohlwollend aufgenommen würde.

Am Morgen setzte sich O Rin auf ein Brett, und ihr Sohn trug sie darauf. Sie verließen heimlich, wie es die Sitte verlangte, das Dorf und sprachen kein Wort mehr miteinander. Am Fuß des Gipfels sahen sie Skelette und Leichname, Raben umkreisten den Ort. Der Sohn setzte die Mutter ab, sie hatte eine Matte bei sich und einen Reisklumpen. Sie sagte kein Wort und vertrieb den Sohn mit heftigen Gebärden. Er entfernte sich weinend.

Der siebzigjährige Mata-yan dagegen wehrte sich gegen den Tod. Sein Sohn band ihn deshalb am Tag des Nayarama-Festes mit einem Strick fest. Der Vater biß jedoch den Strick durch und floh, aber sein Sohn fing ihn wieder ein. Vom Kopf bis zu den Füßen gefesselt, warf der Sohn den Vater in den Abgrund wie einen alten Sack, und die Raben stürzten sich hinterher.

Im Gegensatz zur Armut in manchen Teilen Japans gab es auf den Fidschiinseln Nahrung im Überfluß, Kleidung wurde kaum gebraucht wegen des milden Klimas, und der Besitz gehörte der Familie und nicht allein dem Familienoberhaupt. Die Kinder brauchten nicht auf die »Schuhe der Toten« zu warten. Nur mit wehem Herzen und auf Bitten der Eltern konnten sie dazu bewegt werden, Vater und Mutter zu töten. Der Sohn küßte und beweinte seinen alten Vater, wenn er das Grab für ihn bereitete, und er wechselte Abschiedsworte mit ihm, wenn er ihn mit Erde zudeckte. Warum überhaupt diese

Altentötung, wo doch Not sie nicht erforderte? Berichtet wird, daß auf den Fidschiinseln körperliche Schwäche geringgeachtet wurde und daß die Alten die Freuden des Jenseits bei Kräften genießen wollten. Offenkundig hatten diese Menschen es verstanden, eine ausgeklügelte Ideologie zu schaffen, die es ihnen ermöglichte, die Alten auf eher harmonische Weise zu beseitigen.

Kannibalismus und Intensivstation

Der Ethnologe Bronislaw Malinowski schreibt: »Das Aufessen altersschwacher Eltern ist eine gute Methode, mit dem Problem des Alters fertig zu werden und gleichzeitig seinen vollen Respekt für seine Vorfahren zu zeigen.« Der Kannibalismus war bei manchen Völkern meist eine Form der Bestattung, seltener richtete er sich gegen Feinde. Die Industriezivilisation hat sich weit entfernt von einem solchen integrativen Akt, sich die Eltern einzuverleiben. Sie hat Muster entwickelt, mit der Altersschwäche umzugehen: Pflegeheime, Intensivstationen, künstliche Ernährung, Katheter, Monitoren, Beatmungsgeräte bestimmen die letzte Lebensphase. Aber die Skepsis gegenüber diesem Umgang mit Alten wächst, es stellt sich in der Tat die Frage, ob der Totenberg in Japan unmenschlicher ist als die Sterbezimmer in Krankenhäusern und Pflegeheimen. An die Stelle der Bewältigung des Alterns in der Familie ist ein technisch kühler Umgang mit dem Altwerden und dem Tod getreten. Die Diskussion um die Frage, ob und wann die lebenserhaltenden Apparate abgeschaltet werden dürfen, ist im Gange. Das Thema Altentötung ist zurückgekehrt, aber aus dem Seehundsknochen ist ein Schaltpult geworden, das im Bedarfsfall zu bedienen wäre.

Oft wird berichtet, daß bei »Primitiven« der Altentötung ein Fest voranging. Noch einmal konnten die Alten die Wärme des Lebens spüren. Heute herrscht die Sterilität der Sterbeklinik, wie Aldous Huxley sie beschreibt. Dort werden die

Alten unter Drogen gesetzt, dezente Musik lullt sie ein. Huxley schreibt: »Es war ein großer Raum, strahlend von Sonnenschein und gelber Tünche, mit zwanzig Betten, alle belegt. Filine starb in Gesellschaft und mit allem modernen Komfort. Die Luft war voll von munteren, synthetischen Weisen. Am Fuß jedes Bettes, dem Sterbenden gegenüber, stand ein Fernsehapparat, der gleich einem aufgedrehten Wasserhahn von morgens bis abends lief. Alle Viertelstunde änderte sich automatisch das im Saal vorherrschende Parfüm. ›Wir bemühen uns‹, erklärte die Pflegerin, (...) ›hier eine durch und durch angenehme Atmosphäre zu schaffen, eine Art Mittelding zwischen einem Luxushotel und einem Fühlfilmpalast, wenn Sie mich verstehen.‹«

Im Jahr 1846 schreibt der französische Sozialpolitiker Moreau de Jonnes:

> »Unsere Wohlfahrtseinrichtungen bilden ein wunderbar abgestimmtes Ganzes, das den Bedürftigen von der Wiege bis zur Bahre nicht einen Augenblick ohne Unterstützung läßt. Geboren wird der Unglückliche unter den Findelkindern; er kommt in die Kleinkinderbewahranstalt und von da ins Asyl; dann kommt er mit etwa sechs Jahren in die Grundschule und später in die Erwachsenenschule. Wenn er nicht arbeiten kann, wird er von den Wohltätigkeitsbüros seines Bezirks aufgenommen; wenn er krank wird, kann er zwischen zwölf Spitälern wählen. (...) Wenn der arme Pariser schließlich das Ende seiner Karriere erreicht, warten sieben Heime auf sein Alter; das gesunde Leben im Altersheim verlängert seine unnützen Tage häufig weit über die des Reichen hinaus.«

Der französische Philosoph Michel Foucault hat sich mit der Sozialgeschichte der Bestrafung befaßt. Er schildert, wie der

Scharfrichter allmählich abgelöst wird von Aufsehern, Psychiatern, Psychologen, Ärzten, Priestern und Erziehern. Die Disziplinierung der Abweichler werde laufend verfeinert, sie werde unblutiger und umfassender. Wo es die Todesstrafe noch gebe, werde der Verurteilte bis zum letzten Augenblick von einem Arzt überwacht, und vor der Exekution würden Beruhigungsspritzen verabreicht. Man nimmt das Leben und vermeidet dabei jede Empfindung. Das Schauspiel der Hinrichtung und der Schmerz würden verschwinden, eine fast »körperlose« Strafpraxis trete an deren Stelle.
Die Austragung des Generationskonflikts hat sich in ähnlicher Weise verändert, auch sie wurde bürokratisiert. In der letzten Lebensphase des Alten kommt nicht mehr der Sohn mit dem Seehundknochen, sondern Altenpfleger und Arzt. Zwischen die Menschen, die sterben, und die Menschen, die pflegen, sind Maschinen geschaltet. Ein Tod ohne Fest, ein Tod ohne Schmerz, fast körperlos. Man verliert das Leben und vermeidet jede Empfindung.
Der französische Sozialhistoriker Philippe Ariès berichtet über einen Aufstand gegen den maschinell kontrollierten Tod:

> »An Leukämie erkrankt, in völliger Klarheit über seinen Zustand und seinem nahen Tod mit Festigkeit (...) entgegensehend, machte er dem Betreuungspersonal des Krankenhauses, in das er eingeliefert wurde, keine Mühe. Er war mit dem behandelnden Professor übereingekommen, daß (...) keinerlei Sonderbehandlung vorgenommen werden sollte, um ihm das Leben zu verlängern. An einem Wochenende ließ ihn ein Internist, als er sah, daß sein Zustand sich verschlimmerte, in die Intensivstation eines anderen Krankenhauses verlegen. Als ich ihn zum letztenmal durch die Glasscheiben eines aseptischen Zimmers sah und mich ihm nur mit Hilfe einer Sprechanlage ver-

ständlich machen konnte, lag er auf seinem Rollbett mit zwei Inhalationsschläuchen in den Nasenlöchern, mit einem Atmungsschlauch im Mund, mit irgendeinem Apparat zur Herzmassage, den einen Arm an eine Perfusions-, den anderen an einer Transfusionsverbindung angeschlossen und am Bein den Anschluß für die künstliche Niere. (...) Da sah ich, daß Pater de Dainville die festgeschnürten Arme befreite und sich die Atemmaske abriß. Er sagte mir, und das waren, glaube ich, seine letzten Worte, bevor er im Koma versank: ›Ich werde um meinen Tod betrogen.‹«

Das Sterben der Alten zwischen den Maschinen erscheint freilich fast schon unmodern, vergleicht man es mit den neuen Möglichkeiten der Medizin, in das Leben der Kinder einzugreifen. Bald entscheiden die Experten, welches Kind überleben darf und welche Merkmale erwünscht sind und welche nicht. Wo früher Kindesmord und Altentötung standen, erscheinen heute Labor und Intensivstation.

Die Angst vor den Toten

Der Ahnenkult gehört vermutlich zu den ältesten religiösen Ideen. Die Angst vor den Toten und die Ehrfurcht vor den göttlichen Verwandten sind Wurzeln religiöser Handlungen. In vielen Religionen legen die Verstorbenen einen langen Weg zurück, bis sie den Status von Ahnen bekleiden. Drei Generationen dauert es bei den nilotischen Mandari, bis ein Toter zum Ahnen geworden ist.

Es ist beim Ahnenkult ein eigentümliches Schwanken zwischen Totenfurcht und Totenverehrung festzustellen. Manche Völker verschnüren die Leichen, man bricht ihre Gelenke oder beschwert das Grab, um die Toten am »Umgehen« zu hindern. Je länger sie tot sind, desto näher rücken sie den Göttern. Bei den Azande in Afrika verschmelzen die Ahnen schließlich sogar mit dem Hochgott Mbori. Im Ahnenkult wird die Verbindung mit jenen Toten gepflegt, deren Tod lange genug zurückliegt, so daß keine Angst mehr besteht, sie könnten zurückkehren. Sie sind aber auch noch nicht in die unerreichbaren Höhen der Götter entrückt, sie sind Verwandte im Jenseits.

Die Ahnen wachen über Sitte und Brauch, über den Kreislauf des Lebens, sie gelten als Schiedsinstanz und bestimmen das Schicksal der Nachkommen. Sie können aber auch Unglück und Krankheit bringen. Deshalb ist es wichtig, die Ahnen zu versöhnen und freundlich zu stimmen.

Diese Mischung aus Furcht und Verehrung beim Ahnenkult wird unter anderem sichtbar bei den permischen Wojtaken.

Sie müssen am Ende eines Opferfestes die Ahnen wie schwierige Gäste nach Hause komplimentieren: »Ihr Alten, stehet nun auf: Esset und trinket, und wenn ihr euch berauscht habt, entfernt euch singend! Bleibt nicht schlafen! Esset, trinket und gehet nun! Gehet nicht zürnend: Singend gehet in jene eure Welt! Lebet nun wohl! Ihr Alten, Jungen, ich begleite euch nun. Gehet nun alle weg! Gehet! Gehet! Gehet!«

Der Ahnenkult ist der frühe Versuch, den Generationskonflikt religiös zu überhöhen. Furcht und Pietät gegenüber den Ahnen sind Furcht und Pietät, die den Alten entgegengebracht werden sollen. Der Ahnenkult ritualisiert eine kindliche Pietät, macht den Gehorsam gegenüber den Alten zu einer Pflicht, deren Befolgung aus dem Jenseits überwacht wird. Der Ahnenkult ist ein Schritt fort von den Gesetzen des Wolfsrudels: Es ist nicht mehr der Stärkste, der die Macht hat im sozialen Verband. Das Generationsverhältnis wird nicht durch Zähne und Muskelkraft geregelt, sondern durch ein religiöses Konstrukt, mit dem die Älteren ihre Macht zu verlängern trachten, selbst wenn sie ihre einstige Stärke verloren haben.

In einem religiösen Coup d'Etat sicherten die Alten ihre Herrschaft durch den Ahnenkult, und sie wurde Jahrtausende aufrechterhalten. Die Alten vertreten in vielen Gentilgesellschaften die Ahnen und üben so eine kaum beschränkte und bedrohte Macht aus. Natürlich spielt dabei ihre Lebenserfahrung eine wichtige Rolle, aber die zentrale Stütze der Altenherrschaft ist religiöser Natur: Ein Angriff auf die Alten ist ein Angriff auf die Ahnen und somit ein Angriff auf die Götter.

Die Tallensi, ein westafrikanischer Stamm, leben in Verwandtschaftsgruppen. Eine Familie besteht im Idealfall aus einem Mann, seinen erwachsenen Söhnen und deren Söhnen sowie den Frauen der erwachsenen Männer und ihren unverheirateten Töchtern. Ein Großvater ist also das Haupt der Familie. Die Männer stellen gleichsam kleine Zweige dar an einem großen patrilinearen Stammbaum aus der Wurzel gemeinsamer Vorfahren. Der Ahnenkult vereint sie. Die rechtliche und rituelle Autorität liegt bei den Männern, die Vaterstatus besitzen. Solange sein Vater lebt, ist ein Mann nicht unabhängig und darf seinen Vorfahren keine Opfer bringen. Die lebenslange Autorität der Alten ruft bei den Söhnen unterdrückte Feindseligkeit und Opposition hervor. Die Alten haben ihre Macht zwar fest verankert, sie müssen aber vor einer Revolution der Jungen auf der Hut sein. Väter der Tallensi sind normalerweise gütig und tolerant, besonders kleinen Kindern gegenüber. Aber die Söhne werden größer. Sie beginnen, den Boden zu bestellen und sich nach Frauen umzusehen. Damit erwacht der Wunsch nach Unabhängigkeit, die Vorrechte des Vaters werden lästig. Denn er ist Herr über Arbeit und Eigentum des Sohns. Er bringt an Stelle des Sohns den Ahnen Opfer dar, er gewöhnt ihn an Sitten und Gebräuche. Der Vater wird in den Augen des Sohns zum Despoten.

Die Pflicht zum Respekt gilt gegenüber dem Vater und gegenüber der Mutter über beider Tod hinaus. Die wichtigste Aufgabe der Söhne ist es, die Toten- und Begräbniszeremonien für die Eltern durchzuführen. Wer dabei etwas versäumt, zieht den ewigen Zorn der Ahnen auf sich. Die Totenzeremonien sind die erste Etappe bei der Überführung der Eltern in Ahnengeister. Im Ahnenkult wird die kindliche Pietät ritualisiert, es entsteht eine religiöse Zwangsjacke, die den Kindern den Aufstand gegen die Väter und Mütter unmöglich macht.

Es bleibt eine latente Feindseligkeit der Söhne gegenüber dem Vater. Daher darf der älteste Sohn – meist der Stärkste unter den Brüdern – nicht mit seinem Vater zusammen essen

noch dessen Kleider tragen oder dessen Kornspeicher betreten. Diese Tabus zerbricht der Sohn erst während der Bestattungszeremonie für den Vater in einem feierlichen Ritual. Aber die Macht der Väter reicht über den Tod hinaus. Jede Wohnstatt ist voller Schreine, die den Ahnengeistern gewidmet sind. Sie bestehen aus getrocknetem Lehm und bilden die Altäre, vor denen man mit den Ahnen spricht.
Die Ahnen eines Menschen entscheiden über sein Schicksal. Die Bestimmung des Vaters und die des Sohns stehen sich feindlich gegenüber. Während der Kindheit des Sohns ist die Bestimmung des Vaters überlegen. Der Sohn wird erwachsen, und seine Bestimmung wird stärker. Die Rivalität der Generationen drückt sich aus in der Rivalität der Bestimmungen. Weil die Bestimmungen sich feindlich gegenüberstehen, darf ein verheirateter Erstgeborener mit Kindern nicht denselben Eingang benutzen wie sein Vater, damit sie sich nicht von Angesicht zu Angesicht – Bestimmung gegen Bestimmung – begegnen. Mit dem Tod des Vaters gewinnt die Bestimmung des Sohns die Oberhand. Ist der Vater gestorben, so vollziehen die Söhne die vorgeschriebenen Todesrituale, die den Vater in einen Ahnengeist verwandeln. Die Alten, die mit dem Tod ihre materielle Macht abgeben müssen, werden reichlich entschädigt mit spiritueller Macht. So sind sie versöhnt mit den Söhnen, und die Söhne sind frei von Schuld.
In vielen Religionen, die den Ahnenkult kennen, kommen eines Tages die Ahnen als Kinder wieder auf die Welt. In dem Wort Enkel ist von diesem Gedanken etwas aufbewahrt: »Enkel« heißt nichts anderes als »kleiner Großvater«.

Törichte Hunde und schwarzschwänzige Hirsche

Die Altenherrschaft, die Gerontokratie, hat sich nicht auf Dauer halten können. Sie findet ihren Nachfolger im Altersklassensystem, das die Macht der Alten einschränkt. Aber auch hier handelt es sich um ein soziales Konstrukt, das in erster Linie dazu dient, die Jungen und ihre »revolutionäre« Energie zu bändigen. In ihm wird das Leben rituell unterteilt: Die am weitesten verbreitete Form gliedert die Gesellschaft in Kinder, in heiratsfähige Jugendliche und in verheiratete Männer und Frauen. Der Übertritt von der Kindheit in das heiratsfähige Alter – für die Jungen oft auch der Übertritt in die Gruppe der Krieger – wird durch Riten deutlich markiert.

Die Riten werden oft von Torturen und Schrecken begleitet, wohl auch, weil die Alten ihre Macht zeigen wollen. In Sparta wurden die Jugendlichen mit Peitschen blutig geschlagen. In Stammesgesellschaften gibt es viele unterschiedliche Initiationsriten: Die Vorderzähne werden ausgeschlagen, die Nasenscheidewand durchbohrt, auf dem Rücken und auf der Brust werden Wunden eingebrannt. Die Knaben sollen ihren Mut beweisen. Bei Kopfjägern war der Brauch verbreitet, daß Jünglinge einen Feind töten mußten, bevor sie in die Gruppe der Männer aufgenommen wurden. Bei den nordamerikanischen Cheyenne wurden den Jünglingen Stricke durch die Brust- und Armmuskeln gezogen, an denen sie dann aufgehängt wurden. Manchmal werden die Initiationszeremonien als ein Nachspiel von Tod und Wiedergeburt gestaltet.

»Auf dem weiten Festplatz sind schon viele hundert Menschen versammelt. (...) Ein großer, aus Bananenblättern aufgebauter Zaun, der bisher die eigentlichen Akabatala-Leute vor den Blicken der Neugierigen schützte, wird entfernt, man sieht einen bühnenartigen Aufbau, den vorn ein riesiges, roh geschnitztes Götzenbild ziert. Auf einer Holzbühne tanzen und singen mehrere bis auf einen Hüftschurz nackte Fetischpriester. Sie haben große Klappern in den Händen, mit denen sie unausgesetzt rasseln, während zahlreiche Musikanten auf Trommeln und Kürbisklavieren einen Höllenlärm veranstalten. Hinter den Priestern stehen die Akabatala-Jünglinge. Sie sind ganz nackt, mit weißer Tonerde bemalt und tragen nach Weiberart trockne Bananenbüschel um die Hüften. Sechs Monate haben sie bei den Fetischpriestern einsam im Walde gelebt, um in die Stammesmysterien, bei denen es sich namentlich um die Vertreibung böser Geister handelt, eingeführt zu werden. Bei den Fetischmännern lernen sie alle möglichen Tänze, die sie während ihrer Lehrzeit auf Ausflügen in den nächsten Dörfern vorführen. Alle diese Tänze zielen darauf hin, die Lachlust der Zuschauer zu reizen. Diesem Zwecke dienen auch das weiberartige Kostüm und der weiße Anstrich der Männer, die außerdem kleine strohgeflochtene Hüte auf dem Kopfe, Holzketten um den Hals und eine kleine Holzschere in der Hand tragen. Breite Holzringe um die Arme, Flöten aus Rohr und Fliegenwedel aus Gras vervollständigen das Komische ihres Aufzugs.« Nun werden Ziegen geschlachtet und Tänze aufgeführt. »Die Vorführungen sind erst beendet, wenn sämtliche Akabatala-Leute vor dem Volke getanzt haben. Jetzt wird ihnen längs des Rückgrates die Stammesmarke eingebrannt. Von nun an dürfen die Jünglinge Ziegenfleisch essen und mit dem weiblichen Geschlecht Verkehr pflegen. Jubelnd werden sie von ihren Stammesangehörigen begrüßt, die Weiber reißen ihnen die Bananenbüschel vom Leibe, von allen Seiten wird ihnen Essen gebracht, und alles vereinigt sich wieder zu gemeinsamem Tanz, der bis tief in die Nacht dauert.«

Der Bericht stammt von dem finnischen Ethnologen Edward Westermarck. Die darin beschriebene Initiation ist auch eine Art Schule, in der Kultur und Tradition von Generation zu Generation weitergegeben werden.
In den Altersklassen ist die Macht der Alten begrenzt, sie müssen von ihren Kenntnissen und Kompetenzen abgeben, sie tun das aber nicht, ohne die Jüngeren ihre Macht spüren zu lassen in der Initiation. Das Altersklassensystem gibt den Jüngeren ein größeres Gewicht und die Gewißheit, daß sie bald zu den Mächtigen gehören werden. Aber das System dient auch dem Zweck, den Generationskonflikt auf differenziertere Weise, nicht mit nackter Gewalt zugunsten der Alten zu entscheiden. Karl A. Wittfogel schreibt, daß die Altersklassen oft auch dazu dienen, die Hälfte der geschlechtsreifen Männer, nämlich die jungen, im Zölibat zu halten, während die andere Hälfte, die älteren, die Frauen und Kinder monopolisieren. Das Altersklassensystem schließt in der Tat die Jungen oft lange Zeit aus von Ehe und Besitz. So halten sich die polygynen Alten die jugendlichen Konkurrenten vom Leib. Oft spielen Priester eine wichtige Rolle in dieser Ordnung, sie halten die Jungen in Schach mit Segen und Fluch.

Bei den Mandari im Gebiet des oberen Missouri gab es sechs Männerklassen:

törichte Hunde (zehn bis fünfzehn Jahre alt),
Krähen oder Raben,
Krieger,
Hunde,
Bisonstiere und
schwarzschwänzige Hirsche (über fünfzig Jahre alt).

Jede Klasse hat eigene Abzeichen, Lieder und Tänze. Der Kandidat muß dafür bezahlen, Lieder und Tänze zu lernen, wenn der Anführer der Klasse seinen Eintritt in sie erlaubt hat: Bei der Aufnahme in eine höhere Klasse hat der Neuling dem einführenden Gefährten, den er Vater nennt, seine Frau preiszugeben.

Die niedrigste Klasse ist die der törichten Hunde. Der Name verweist auf die Unerfahrenheit der Knaben. Der Junge, der in die Klasse eintreten will, muß die dazugehörigen Abzeichen von einem Mitglied erwerben. Der Verkäufer verläßt seine Klasse und bemüht sich darum, in die höhere Klasse aufgenommen zu werden. In die Klasse der Krähen oder Raben wird man übernommen nach einem Fest, das vierzig Nächte dauert.

Die wichtigste Klasse umfaßt die Krieger, die auch Polizeiaufgaben haben. Die Mitglieder dieser Klasse können sich in höhere Klassen einkaufen, aber sie brauchen deshalb nicht aus der Klasse der Krieger auszutreten. Die Frauen bei den Mandari sind in vier Klassen eingeteilt.

Auch die afrikanischen Massai haben in einer Altersklassengesellschaft gelebt. Der Knabe bleibt bei den Eltern, bis er sechzehn ist. Er geht in dieser Zeit völlig nackt, erhält Unterricht im Speerschwingen und Viehtreiben und wird wohl gelegentlich schon auf Kriegszüge mitgenommen. Im Alter von sechzehn Jahren werden die Knaben beschnitten im Rahmen eines dreitägigen Festes, ihre Zähne werden verstümmelt und ihre Ohren durchbohrt. Nach der Beschneidung leben die Knaben bis zur Heilung der Wunden im Busch und ernähren sich von kleinen Vögeln, deren Bälge sie um den Kopf gewunden tragen. Dann werden die jungen Männer in den Kraal der Elmoran (Krieger) aufgenommen, wo sie zusammen mit den jungen Mädchen (Nditos), die gewöhnlich mit dreizehn den Kriegerkraal beziehen, ein ungebundenes Leben führen. Der Krieger darf, abgesehen von Honig und Zuckerrohr, nur animalische Nahrung genießen, während den Mädchen das Verzehren von Getreide gestattet ist. Die Hauptbeschäftigung der Elmoran sind Kriegs- und Raubzüge, sie haben die Massai bei den Nachbarn verhaßt und gefürchtet gemacht.

Der Austritt aus dem Elmoranverband erfolgt meist im Alter von etwa dreißig Jahren. Hat der Krieger mit einer Ndito ein Kind gezeugt, so ist er verpflichtet, sie zu heiraten und den Kriegerbund zu verlassen, falls er sich nicht durch ein Geschenk an den Vater loskauft; auch sehen Väter, die große Herden besitzen, ihre Söhne nicht gern das wilde und gefährliche Leben eines Elmorans führen und holen sie nicht selten mit Gewalt aus dem Kraal. Kinder armer Eltern bleiben dagegen oft lange unter den Kriegern, wohl auch deshalb, weil sie den Brautpreis nicht bezahlen können.

Nach dem Ausscheiden aus der Klasse der Krieger nennt sich der Mann Elmorua (alter Mann), und er läßt sich das lange Haar, das Zeichen des Kriegers, abrasieren. Er wählt sich eine Frau unter den Nditos des eigenen Stamms, für die er einige Rinder als Brautpreis abzutreten hat; später kann er weitere Frauen nehmen. Die Massaimänner sind etwa fünfunddreißig, wenn sie heiraten, und sie gehören dann bereits zu den Alten. Es wird berichtet, daß der Ehemann einen Monat lang den Mädchenanzug seiner Frau tragen muß. So wird der Austritt aus dem Bund der Krieger drastisch versinnbildlicht, und es ist nicht mehr nur Respekt, was dem Alten entgegengebracht wird: Mit dem Altersklassensystem beginnt das Ende der Gerontokratie.

Der Sieg der jungen Imperatoren

Die griechische und römische Antike war eine Zeit der Jugend. Wir denken an in Marmor gehauene Jünglinge, an spartanische Krieger und an olympische Wettkämpfe. Wir kennen zahlreiche Äußerungen aus der Antike, in denen der Verfall durch das Alter beklagt wird. Um 630 vor Christus etwa sagt Mimnermos, Priester in Kolophon:

> »Gleich den Blättern, welche die blühende Jahreszeit unter den Strahlen wachsen läßt, genießen wir einen flüchtigen Augenblick lang die Blüte unserer Jugend, und bald umringen uns die dunklen Parzen [Schicksalsgöttinnen], die eine das schmerzliche Alter bringend, die andere den Tod. Die Frucht der Jugend verfault allzubald; sie dauert kaum so lang wie die Helligkeit des Tages. Und sobald dieser Punkt erreicht ist, wird das Leben schlimmer als der Tod. Wer einst schön war, flößt selbst seinen Kindern und Freunden Mitleid ein, wenn die Stunde der Jugend vorüber ist. (...) Wenn die Jugend vergeht, ist es besser, zu sterben als zu leben. Denn manches Unglück bemächtigt sich der menschlichen Seele: Zerstörung des Heimes, Elend, Tod der Kinder, Gebrechen; es gibt niemanden, dem Zeus nicht in reichem Maße Unglück schickte.«

An anderer Stelle sagt der Priester:

> »Wenn einmal das schmerzliche Alter da ist, das den Menschen häßlich und unnütz macht, so verlassen die bösen

Sorgen sein Herz nicht mehr, und die Strahlen der Sonne spenden keinen Trost. Er ist den Kindern widerwärtig, und die Frauen verachten ihn. So ist uns das Alter von Zeus gegeben, voller Leid.«

Bei allem Klagen über das Alter aber steht fest, daß die Gerontokratie in der Antike eine Blüte erlebte. In Ephesus, auf Kreta, in Elis und in Korinth – überall steht in der griechischen Frühzeit die Gerusia, der Rat der Alten, an der Spitze der Macht. Und die Macht der Alten hielt die Jungen im Zaum.

In den Mythen der Griechen, der Sumerer und der Phönizier findet sich immer wieder eine ähnliche Grundfigur: Uranos ist ein göttliches Wesen, das ohne Beziehung zu den Menschen existiert. Es setzt Kinder aus sich raus, die ihn verweisen aus der Welt, die seine Nachkommen regieren. Uranos steht bei den Griechen für Fruchtbarkeit, aber er ist auch Rabenvater und Zerstörer. Der Streit zwischen den Generationen, zwischen Uranos und seinen Kindern, endet mit einem Sieg der Kinder. Wird im Mythos die Herrschaft der Alten bestritten? Bei Hesiod verabscheut Uranos, der mit Gaia Kinder zeugt, seine Nachkommen. Er vergräbt sie in der Erde. Sein Sohn Kronos entmannt Uranos mit Hilfe der Gaia. Kronos seinerseits hat viele Kinder, und er haßt sie alle. Er verschlingt sie. Der Letztgeborene – Zeus – wird von seiner Mutter versteckt, und er zwingt Kronos, die Kinder wieder auszuspeien. Am Ende besiegt Zeus die Göttervärer – die Titanen. Der Grundgedanke des Mythos – der in vielen Varianten erzählt wird – lautet: Die alten Götter sind tyrannisch und Mörder ihrer Kinder. Mit Zeus werden die alten Götter entthront, und nun sind die Götter jung.

Die Mythen der Griechen verweisen auf die Gefahren des Generationskonflikts, sie mahnen die Alten zur Vorsicht, wenn sie ihre Macht nicht verlieren wollen.

Im Militärstaat Sparta war die Macht der Alten stark verankert, obwohl das Kraftzentrum die Kriegerklasse war. Schwache Kinder wurden getötet, ein Altersklassensystem beherrschte das ganze Leben, bis zum sechzigsten Jahr lebten die Männer bei ihren Familien. Die Dreißig- bis Sechzigjährigen mußten die tägliche Hauptmahlzeit in öffentlichen Speisehallen einnehmen. Reiche und Arme trugen gleiche Gewänder. Achtundzwanzig Männer unter den ältesten (und reichsten) wurden gewählt, sie bildeten die Gerusia. Die Greise widmeten sich unter anderem der Aufgabe, die Jugend zu erziehen, und so wundert es nicht, daß ein wichtiges Lernziel der Respekt vor dem Alter war.

In Athen, wo es stets ziviler zuging als in Sparta, war die Macht der Alten durch Solons Gesetze festgeschrieben. Der Areopag, der Gerichtshof, setzte sich aus alten Archonten zusammen, und dieser Altenrat regierte Athen. Die von Kleisthenes ab 510 vor Christus geschaffene Demokratie minderte die Macht der Alten, aber beseitigte sie nicht.

Plato kann man als den Philosophen der Gerontokratie betrachten: Erst vom fünfzigsten Lebensjahr an sei der Mensch im Besitz der Wahrheit, und erst dann könne er zum Hüter des Staats werden. Die Herrschaft der Fähigen sei die Herrschaft der Alten. Der Körper sei eine Täuschung, die Seele der Träger der Idee. Darum sei der körperliche Verfall für die Lenkung des Staats irrelevant. »Die Ältesten müssen befehlen, die Jungen gehorchen.« Die Wächter sind in Platos Staat zwischen fünfzig und fünfundsiebzig Jahren. Sie wachen über die Gesetze. Das Alter der Herrscher, die gleichzeitig Richter sind, liegt zwischen fünfzig und siebzig Jahren.

Aristoteles weist den Alten eine geringere Rolle zu. In seiner Philosophie kündigt sich schon die neue Epoche an. Sparta wird uneingeschränkt von den Alten regiert. Im demokratischen Athen kommt Kritik auf an den Alten, sogar Spott.

In Rom übernehmen schließlich junge Kaiser das Regiment. Der Ahnenkult wird schon in der Antike beseitigt. Die Seele der Verstorbenen nimmt zwar an der Leichenfeier teil, deshalb darf dort nur Gutes über den Toten gesprochen werden. Aber dann weilt die Seele im Hades als gestaltloser Schatten, vom Körper losgelöst. Die Ahnen der Antike sind machtlos.

Vater, Mutter, Haus, Land und Besitz, Kinder, verheiratete Söhne, deren Enkel, Schwiegertöchter, Sklaven und Hörige bilden die römische »familia«. Der Haushalt wird allerdings nicht von familiären Gefühlen zusammengehalten. Die »familia« (und das heißt ursprünglich: die Sklaven eines Mannes) mit allen Personen und Dingen steht unter der Herrschaft des Vaters.
Die Religion legitimiert die »familia« wie den Staat, und sie ordnet die Verhältnisse im gemeinsamen Haushalt. Die Macht des Vaters oder des Familienältesten ist begrenzt, aber er kann immerhin über die Menschen seiner »familia« wie über eine Sache verfügen. Die Alten haben nach wie vor die Macht in der Familie, aber sie haben das Machtmonopol im Staat verloren. Zwar kritisieren Plautus und andere Literaten in Komödien das Familienpatriarchat, ernsthaft jedoch ist die starke Stellung der alten Männer in der »familia« nie gefährdet. Wollten die Söhne heiraten, dann mußten sie sich die Einwilligung nicht nur vom Vater, sondern auch vom Großvater holen. Die eheliche Treue besitzt einen hohen Stellenwert, weil das Eigentum an den eigenen Sohn übergeben werden soll. Gemeinsame Interessen halten die Familie zusammen.
Zunächst herrschten die Alten. Es waren reiche Grundbesitzer, die den Senat bildeten. Hohe Ämter erreichte man erst im gesetzten Alter. Die Wahlstimmen der Alten hatten mehr Gewicht als die der Jungen, denn es wurde nach Zenturien gezählt. Die Zenturien der Alten waren kleiner, aber ihre

Stimme wog soviel wie die der Zenturien der Jungen. Erst am Ende des Römischen Reichs verfällt die Macht der Alten. Der Senat wird durch die jungen Imperatoren entmachtet, der Familienvater in seinen Befugnissen durch Gesetz eingeschränkt. Cicero hat diese Politik kritisiert. Er wendet sich gegen die Dekadenz und will durch die Wiederherstellung des Respekts vor dem Alter den Niedergang aufhalten. Ciceros Schrift »Über das Alter« – »De senectute« – liest sich wie ein melancholischer Abgesang auf die Gerontokratie: Das Alter sei nicht unproduktiv. Autorität und Reife des Alters würden die Regierung in Weisheit leiten. »Die Staaten wurden stets von jungen Leuten ruiniert, gerettet und wiederaufgebaut aber von den Alten.« Und: »Das Beklagenswerte am Alter scheint mir, daß man spürt, wie sehr man in diesem Lebensabschnitt den jungen Leuten verhaßt ist.«

Die Familie stirbt

Die Zeit der Eltern

Der Hausvater »teilt die sämtlichen häuslichen Geschäfte ein, gibt acht, ob jeder sein Pensum verrichte, und hält mit Ernst darauf, daß es geschehe. (...) Alle Hausgenossen übertrifft er an Pflichteifer und unzuermüdender Geschäftigkeit. Er besitzt alle notwendigen Kenntnisse, und so kann er Sicherheitsanstalten gegen vermeidliche Gefahren, Wehranstalten gegen unvermeidliche treffen. Dieser Hausvater ist im würdigsten Verstande, der erste von der ganzen häuslichen Gesellschaft, d.h. der Weiseste und Beste, ein Muster jeder männlichen Tugend. (...)
Neben den Hausvater tritt die Hausmutter, der als Hausherrin die Leitung der innerhäuslichen Geschäfte übertragen ist. Wie der Hausvater für die männlichen Hausgenossen vorbildlich ist, so zeigt sie sich als Muster jeder weiblichen Tugend, auf das alle weiblichen Hausgenossen nur blicken dürfen, um sich auf das weiblichedelste nachzubilden. Diese Parallelisierung kann aber nicht den Abstand bagatellisieren, der zwischen beiden Positionen besteht. Der Mann erklärt sie für die Herrin, er substituiert sie im Innern des Hauswesens ganz für sich. Der innere Haushalt ist die Sphäre ihres eigentlichen Lebens. (...) Zum Haus gehören sorgfältig ausgesuchte, wackere Dienstboten. Allgemeiner Respekt gegen die Herrschaft ist der herrschende Thon unter ihnen, und sie gehorchen aufs Wort.«

So beschreibt Christian Sintenis in seinem Werk »Das größere Buch für Familien« (1805–1807) das sogenannte »ganze Haus«. Allerdings hat die Geschichtsschreibung längst nachgewiesen, daß die Großfamilie in der vorindustriellen Zeit keineswegs die Regel gewesen ist. Die durchschnittliche Haushaltsgröße vom sechzehnten bis zum achtzehnten Jahrhundert dürfte etwa bei 4,75 Personen gelegen haben.
Dennoch ist die Großfamilie, das »ganze Haus«, zu einem Idealtypus geworden. Ob nun klein oder groß, die Familie war in jedem Fall eine Produktionsgemeinschaft, ein kleiner Betrieb. Die Familie schließt kein Mitglied aus, aber sie verlangt gerade in Notzeiten von allen das äußerste. Zur Großfamilie gehören auch Kinder und Alte, und sie sind in dem Maße, wie es ihnen möglich ist, Teil der Produktionsgemeinschaft. Die Alten in der Spinnstube und das Gänseliesel beim Kleinvieh, von diesen Aufgaben wissen wir durch Märchen und Erzählungen. Gemeinsam arbeitete und lebte man unter der Herrschaft der Eltern. Um sie herum gruppierten sich die anderen: Kinder, Alte, Knechte, Mägde, fernere Verwandte. Die gemeinsame Wohnung und der gemeinsame Besitz bildeten eine feste Grundlage, für die Alten gab es keine Heime und für die Jungen keine Schulen.
Die Gettos für Kinder und Alte sind erst aufgetaucht, als die Familie in die Krise geriet. Die Familie ist entschieden weniger Gefühlsgemeinschaft gewesen als heute, auch wenn Gefühle ihren Anteil am Zusammenhalt der Gemeinschaft hatten. Bekannt sind Martin Luthers Worte nach dem Tod seiner Tochter Elsbeth: »Merkwürdig, was für ein trauerndes, fast weibisches Herz es mir hinterlassen hat, so sehr bin ich vom Jammer erfüllt. Ich hätte nie vorher geglaubt, daß ein Vaterherz so weich gegenüber seinen Kindern sein könnte.« Solche Worte bezeichnen aber eher eine Ausnahme. Kindestötung, Kindesaussetzung und Säuglingssterben sprechen eine andere Sprache.

Die Familie ist auch eine Lebensschule. In ihr werden hergebrachte Verhaltensweisen bewahrt und an die nächste Generation weitergegeben: die Herstellung und der Umgang mit Arbeitsgeräten, die Kenntnis von Produktions- und Konservierungsmethoden, Lieder und religiöse Gebräuche. Die Familie sorgt für ihre Mitglieder, vom Staat ist kaum etwas zu sehen. Sie braucht Söhne, um das Erbe weiterzutragen und neues Erbe zu erheiraten. Die Kinder sind entscheidend für das Überleben der Familie, wohingegen die Alten an Bedeutung verlieren. Diese Verhältnisse treten um so deutlicher zutage, je mehr sich die Gesellschaft modernisiert und die Erfahrungen der Alten entwertet.
Um das Jahr 1393 verfaßte ein Pariser Bürger ein Hausbuch. Er war sechzig Jahre alt und hoffte, seiner in Haushaltsdingen unerfahrenen fünfzehnjährigen Ehefrau mit dem Buch zu helfen. Im Text, wie ihn Arno Borst veröffentlicht hat, widerspiegelt sich die Arbeitsteilung in der Familie: Der Mann ist für Tätigkeiten außerhalb, die Frau für Arbeiten innerhalb des Hauses zuständig. Gefühle und Fürsorge sind soziale Bindemittel, die Liebe ist ein integraler Bestandteil der Hauswirtschaft. Die Ökonomie der Familie kann nur funktionieren, wenn Zuneigung und Wirtschaften miteinander verwoben sind. Im Lauf der Jahrhunderte werden Gefühle und Ökonomie sich trennen, im zwanzigsten Jahrhundert verselbständigt sich schließlich die Liebe, und sie beansprucht, das einzige Bindeglied von Ehe und Familie zu sein. Was schreibt nun um das Jahr 1393 der alte Mann seiner jungen Frau?

> »Schönes Schwesterchen, wenn Ihr nach mir einen anderen Mann habt, dann müßt Ihr sehr auf seine Behaglichkeit achten. Denn wenn eine Frau ihren ersten Ehemann verloren hat, ist es gewöhnlich für sie schwer, einen zweiten nach ihrem Stande zu finden, und dann bleibt sie für

lange Zeit allein und ungetröstet, und noch mehr, wenn sie den zweiten verliert. Deshalb pflegt Euren Ehemann sorgsam und bitte, haltet ihn in sauberer Wäsche, denn das ist Eure Aufgabe. Und weil die Sorge für die Geschäfte draußen Männersache ist, muß der Ehemann darauf achtgeben, er muß gehen und kommen und hierhin und dorthin reisen, bei Regen, Wind, Schnee und Hagel, einmal durchgenäßt, dann wieder ausgedörrt, einmal in Schweiß gebadet, dann wieder frierend, schlecht verpflegt, schlecht untergebracht, schlecht gewärmt und schlecht gebettet. Und alles macht ihm nichts aus, denn ihn tröstet die Hoffnung auf die Fürsorge seiner Frau, wenn er zurückkommt, und auf die Gemütlichkeit, die Freuden und Vergnügen, die sie ihm bereitet oder in ihrer Anwesenheit bereiten läßt: die Schuhe beim warmen Feuer ausziehen, die Füße waschen lassen, frische Schuhe und Strümpfe anziehen, gutes Essen und Trinken vorgesetzt bekommen, schön bedient und versorgt werden, fein gebettet sein in weißen Bettüchern und weißen Schlafmützen, anständig zugedeckt sein mit guten Pelzen, verwöhnt durch andere Freuden und Unterhaltungen, Vertraulichkeiten, Liebesdienste und Heimlichkeiten, über die ich nicht rede. Und am nächsten Morgen neue Hemden und Kleider.

Fürwahr, schönes Schwesterchen, solche Dienste halten die Liebe eines Mannes wach und lassen ihn gern wieder heimkommen und seine Hausfrau wiedersehen und sich von anderen Frauen fernhalten. Und deshalb rate ich Euch, verbreitet um Euren nächsten Ehemann gute Laune, jedesmal wenn er kommt und geht, und bleibt immer dabei; und seid auch friedfertig mit ihm und denkt an den Bauernspruch, daß es drei Dinge gibt, die den Hausherrn von daheim verjagen, nämlich ein schadhaftes Dach, ein qualmender Kamin und ein zankendes Weib. Deswegen bitte ich Euch, liebes Schwesterchen, wenn ihr mit Eurem Mann in Liebe und gutem Einvernehmen leben wollt, seid zu ihm sanft, liebenswürdig und fügsam. Tut ihm, was unsere braven Landfrauen vom Schicksal ihrer Söhne behaupten, wenn sie anderswo verliebt sind und die Mütter sie nicht davon abbringen können. Es ist klar: Wenn Väter oder Mütter tot sind und Stiefväter und Stiefmütter mit ihren Stiefsöhnen streiten, sie auszanken und zurückweisen und sich nicht um ihr Nachtlager, um Essen und Trinken, um Strümpfe und Hemden und die anderen Bedürfnisse und Anliegen kümmern, und wenn diese Kinder anderswo ein sicheres Heim und guten Rat bei einer anderen Frau finden, die sie bei sich aufnimmt und sich bemüht, sie mit einem armseligen Haferschleim zu wärmen und ihnen ein Bett zu geben und sie sauber zu halten, indem sie ihnen Strümpfe, Hosen, Hemden und andere Kleider flickt – dann hängen diese Kinder an ihr und wollen bei ihr bleiben und warm an ihrer Brust schlafen und wenden sich ganz und gar von ihren Müttern und Vätern ab, die vorher nicht auf sie achtgaben und sie nun zurückbekommen und wiederhaben wollen. Aber so geht das nicht, denn diese Kinder fühlen sich wohler in Gesellschaft von Fremden, die für sie sorgen, als in Gesellschaft von Verwandten, die sich nicht um sie kümmern, dann klagen und weinen die Eltern und sagen, diese Frauen hätten ihre Kinder verhext, sie seien festgebannt und kämen nicht los und seien nur bei ihnen zufrieden. Aber was man immer darüber sagen mag, das ist keine Hexerei, sondern hat seinen Grund in Liebe, Fürsorge, Vertraulichkeit, Freuden und Vergnügen aller Art, die diese Frauen ihnen bieten, und meiner Seel, eine andere Verzauberung gibt es nicht. (...)

Deswegen, liebes Schwesterchen, bitte ich Euch: Auf diese Weise bezaubert Euren künftigen Mann und tut es immer wieder, und bewahrt ihn vor dem schadhaften Dach und dem qualmenden Kamin, und seid zu ihm nicht zänkisch, sondern sanft, liebenswürdig und friedfertig! Sorgt im Winter dafür, daß er ein gutes Feuer ohne Qualm hat und sicher ruht und gut zugedeckt ist an Eurer Brust, und so bezaubert ihn! Und nehmt Euch in acht, daß es in Eurem Zimmer und Eurem Bett keine Flöhe gibt.«

Der florentinische Diplomat Agnolo Pandolfini verfaßte um 1436 eine Schrift über die Familie. Er wählte dafür die Form eines Dialogs zwischen sich und seinen drei Söhnen. Die Söhne fragen ihn, ob sie eine öffentliche Laufbahn einschlagen sollen; er rät ihnen ab, weil sie einen Mann zu Unehrlichkeit, Grausamkeit und Diebstahl zwinge und weil sich Neid, Verdächtigungen und Korruption an seine Fersen hefteten. Die Quellen seines Glücks müsse ein Mann nicht im öffentlichen Leben oder im Ruhm suchen, sondern in Frau und Kindern, in wirtschaftlichem Erfolg, im guten Ruf und in der Treue seiner Freunde. Er fährt fort:

»Ein Mann sollte sich zur Gattin eine Frau nehmen, der er an Jahren so überlegen ist, daß sie sich willig von ihm erziehen und anleiten läßt; von Anfang an muß er sie über ihre Pflichten als Mutter belehren und sie in der Kunst, einen Haushalt zu führen, unterweisen. Der angemessene und vernünftige Gebrauch der körperlichen Kräfte, der Talente, der Zeit und des Geldes verhilft zu einem gedeihlichen und erfolgreichen Leben. Die Kräfte des Körpers werden durch Mäßigkeit, Übung und einfache Kost erhalten; die Talente werden durch Übung der Charakteranlagen und Geisteskräfte entfaltet; die Zeit wird durch Vermeidung jedes Müßigganges ausgenutzt; in Geldangelegenheiten ist eine genaue Buchführung und ein sorgfältiges Abwägen der Einnahmen, der Ausgaben und Ersparnisse empfehlenswert. Der kluge Mann wird sein Vermögen vor allem in einem Land gut anlegen, das ihm und seiner Familie nicht nur die Freuden des Landlebens verschafft, sondern sie auch mit Getreide, Wein, Öl, Geflügel, Holz und allen möglichen anderen Lebensnotwendigkeiten versorgt. Ein Haus in der Stadt zu besitzen empfiehlt sich ebenfalls, damit die Kinder geschult werden können und einen Begriff vom Handel und Gewerbe erhalten.«

Ob sie reich war oder arm, ob die Väter Ritter, Handwerker oder Bauern waren – die Familie bot Kindern und Alten einen sicheren Platz und festumrissene Rollen. Die Alten waren die Träger der Lebenserfahrung, und die Jungen halfen oft mit und lernten. Erst die Industriezivilisation weist dem Alter und der Kindheit neue Orte zu. Für die Kinder ist der Wandel oft dramatisch: Aus mithelfenden Familienangehörigen werden in armen Familien Fabriksklaven. In einem Bericht der preußischen Regierung wird die Lage in Potsdam 1818 so beschrieben:

»Auch in dem hiesigen Regierungsdepartement, namentlich in der Umgebung von Neustadt-Eberswalde und in Luckenwalde, werden schon Kinder von fünf bis sechs Jahren, teils in den Werkstätten ihrer Eltern, teils in den Fabriken, zu ganz mechanischen Fertigkeiten abgerichtet. In den Fabriken fängt die Arbeit um sechs Uhr früh an und dauert gewöhnlich bis abends um neun Uhr, die Mittagsstunde allein ausgenommen, ununterbrochen fort. Die Kinder haben also – den Sonntag ausgenommen – nur eine einzige Stunde des Tages zur Erholung, und es ist einleuchtend, daß bei einer solchen Lebensweise die ganze Erziehung sich mehr auf ein mechanisches Abrichten beschränkt, bei welchem der Zweck der körperlichen

Ausbildung und geistigen Entwicklung nur dürftig erreicht wird. Es ist ebenso einleuchtend, daß es Pflicht der Regierung sei, dieser körperlichen und geistigen Verkrüppelung mit Nachdruck entgegenzuwirken.«

Über Berliner Fabriken findet sich in einem offiziellen Gutachten aus dem Jahr 1819 folgender Passus:

»Fassen wir jetzt das Allgemeine der Lage der in den Fabriken arbeitenden Kinder zusammen, so ist es folgendes: Eine beträchtliche Anzahl Kinder in dem zarten Alter von neun bis vierzehn Jahren wird genötigt, zwölf Stunden täglich bei einer einförmigen, oft schweren, oft leichteren, allemal aber durch ihre Dauer bedrückenden körperlichen Arbeit gegen den Lohn von vier Pfennigen pro Stunde in der Fabrik zu verweilen und hat teils nicht Zeit, teils nicht Gelegenheit, das Minimum der notwendigsten Kenntnisse für die niedrigste Stufe der bürgerlichen Gesellschaft zu erlangen.«

Auch auf dem Land wurden Kinder von Tagelöhnern oft schon mit sechs Jahren zur Arbeit angestellt. Gegen geringen Lohn halfen sie beim Hüten des Viehs, beim Hacken und Verziehen der Rüben, beim Ausgraben und Auflesen der Kartoffeln, beim Unkrautjäten, Steine sammeln, Mist streuen, bei der Getreideernte usw. In einer Erhebung aus dem Jahr 1904 wird festgestellt, daß im Deutschen Reich von 9,25 Millionen Volksschulkindern unter vierzehn Jahren ungefähr 1,8 Millionen dauernd oder zeitweise in der Land- und Forstwirtschaft beschäftigt waren. Dabei waren 445 000 Kinder weniger als zehn Jahre alt.

Die Veränderungen, die seit dem neunzehnten Jahrhundert in der Familie vor sich gingen, wirkten sich nicht nur für die Kinder, sondern auch für die Alten drastisch aus. In Emile

Zolas Roman »Erde« findet man ein treffendes Beispiel dafür. Dort versammelt sich der alte Fouan mit seinen Kindern beim Notar, um seinen Besitz zwischen ihnen aufzuteilen, den zu verwalten er nicht mehr die Kraft hat. Die Kinder streiten sich heftig wegen der vom Vater geforderten Rente. Das Leben der beiden Alten wird durchleuchtet, ausgebreitet, besprochen. Die Kinder erörtern eingehend, was man den Alten überlassen könne: Brot, Gemüse, Fleisch. »Wenn man nicht mehr arbeitet, muß man sich einschränken können.« Die Rente wird schließlich festgesetzt, der Alte lebt mit seiner Frau zunächst weiter in seinem Haus. Die Kinder geben ihm aber nur einen kleinen Teil der vereinbarten Rente. Das führt zu einem heftigen Streit zwischen dem Vater und seinem jüngsten Sohn Buteau, die Mutter stirbt darüber vor Aufregung. Die Kinder überreden den Alten, das Haus zu verkaufen und bei seiner Tochter zu wohnen. Auch sie behandelt ihn schäbig. Der Alte lebt nun abwechselnd bei jedem seiner Kinder, und überall ist er unglücklich. Es vergehen schlimme Jahre. Buteau lockt ihn unter sein Dach in der Hoffnung, ihm seinen versteckten Schatz zu stehlen, und mißhandelt ihn. Bei der Auseinandersetzung hebt der Alte die Hand zu einer Drohgebärde, die seinen Sohn früher eingeschüchtert hatte, aber diesmal packt der Sohn die Hand und reißt seinen Vater auf einen Stuhl. Gleich den alten Gorillas, die von den jungen besiegt werden, fühlt der Vater sich geschlagen: Mit dem Verlust seiner körperlichen Kraft hat er auch seine Autorität verloren. Selbst der Schutz des Gesetzes ist unzureichend, um ihn gegen die Gewalt seiner Kinder zu schützen. Buteau gelingt es, ihm seine Ersparnisse zu entwenden. Der Vater hält es schließlich nicht mehr aus und flieht eines Nachts. Bis zum Morgen irrt er herum in Wind und Wetter. Weil er Zeuge eines Verbrechens wird, das sein Sohn und seine Schwiegertochter begehen, und weil seine Kinder die Last, für ihn aufzukommen, als unerträglich

empfinden, ersticken sie ihn. Sie stecken seinen Strohsack an, um einen Unfall vorzutäuschen. Der Arzt sieht nicht genau hin und gibt die Erlaubnis, den Vater zu begraben.
In den Übergabeverträgen, die in ländlichen Gebieten im achtzehnten Jahrhundert üblich wurden, werden die Zuteilungen für die Alten genau festgelegt. Da ist das Altenteilszimmer beschrieben, die Verköstigung in jeder Einzelheit festgelegt und jede Sonderleistung ausgewiesen. Es werden, wie die Marburger Ethnologin Ingeborg Weber-Kellermann beschreibt, pedantische Vorschriften erlassen über den verbliebenen Ackerrest und seine Bewirtschaftung, und es wird jede Unklarheit beseitigt hinsichtlich der Reinhaltung, Instandsetzung, Beheizung usw. Die Versorgung der älteren Generation wird noch immer in der Familie geordnet, aber nicht selten dürfte die Lage der Alten kläglich gewesen sein – die Vorboten des Generationskriegs.
Die Kinderarbeit einerseits und die auf das Altenteil abgeschobenen Alten andererseits zeigen, daß sich der Charakter der Familie ändert. Die Kindheit wird als ein gesonderter Lebensabschnitt entdeckt, es gibt jetzt eine besondere Kleidung und eine besondere Erziehung für Kinder. Das hat Philippe Ariès in seiner »Geschichte der Kindheit« beschrieben. Aber dem ist hinzuzufügen, daß in dieser Zeit auch das Alter als abgesondertes Lebensstadium erfunden wird.
Die vorindustriellen Gesellschaften versammelten ein Maximum an Lebensformen auf einem Minimum an Raum. Sie nahmen das bizarre Nebeneinander von verschiedenen Klassen und Lebensstadien hin. Aus dieser Einheit des Unterschiedlichen bildet sich in der Neuzeit eine neue Struktur heraus: die Trennung von Lebens- und Arbeitsbereich und die Absonderung der Kinder und Alten. Der Erziehungswissenschaftler Hartmut von Hentig hat das Dasein der Kinder treffend beschrieben, wie es nach dem Ende der Familie sichtbar wird. Es handle sich heute um eine Fernsehkindheit.

Die Welt erscheine zerstückelt, verkleinert, an- und abstellbar in absurder Mischung. Diese Fernsehwelt sei aufregend, glanzvoll und elend. Sie übertreffe in allem die dem Kind erlebbare Umwelt und mache diese unbedeutend.
Aber auch die Alten sind zu Dauerfernsehkonsumenten geworden. Bei den Kindern führt die TV-Abhängigkeit zu Konzentrationsschwierigkeiten, bei den Alten zum Stumpfsinn; sie wollen die Einsicht ersticken, daß sie ausgedient haben. So wie die Kinder zu Objekten der Pädagogik geworden sind, hat sich die Gerontologie der Alten angenommen. Wir reagieren weniger menschlich als vielmehr »pädagogisch« oder »gerontologisch«.
Die Kindheit ist heute eine Schulkindheit. Schule heißt – so Hartmut von Hentig – vorgeschriebene Gegenstände, Verfahren, Zeitabläufe, Verhaltensweisen und vor allem eine eigentümliche Konfiguration von Personen: dreißig Gleichaltrige und ein Erwachsener. Exakt dieses Muster ist Vorbild für den Seniorennachmittag, den Altenvolkshochschulkurs oder für organisierte Seniorenreisen.
Kindheit ist immer auf das Morgen bezogen, auf das Zeugnis am Jahresende, auf den Numerus clausus, auf den Beruf und auf mancherlei Maßstäbe, die später gelten werden, aber jetzt noch nichts bedeuten. Zukunft verschreiben die Sozialtechniker nun auch den Alten. Auf sie warten die Aufnahmeprüfung für den nächsten Kurs, die Zuweisung einer altersgerechten Wohnung oder eines Heimplatzes. Kindheit ist eine Kauf- und Verbrauchskindheit, eine Spielplatzkindheit, eine Verkehrsteilnehmerkindheit, in der elementare Erfahrungen fehlen: ein offenes Feuer machen, ein großes Tier hüten, Wasser stauen. Es fehlt der Ernstfall, es ist ein Leben ohne Risiko und Bewährung. Kauf und Verbrauch sind auch für die Alten die letzten selbständigen Handlungen. Ihre Spielplätze sind die Bastelkurse im Seniorenklub oder die Altenuniversität. Als Verkehrsteilnehmer sind sie ein Problemfall.

Hentig schreibt über die Kinder der Gegenwart:

»Die heutigen Kinder sind ganz offensichtlich die Kinder ihrer Zeit und ihrer Umwelt. Sie sind ihr entlarvendster Spiegel. Sie sind nicht nur nervös, ungeordnet, (...) vital, ›gestört‹ – sie terrorisieren einander, sie streiten sich ununterbrochen (um Gegenstände, als lebten sie in tiefer Armut; um Rangplätze, als lebten wir vor Leviathan; um die Zuwendung der Erwachsenen, als lebten sie in einer besonders lieblosen Umwelt), sie vandalisieren das Gemeingut, sie sind weitgehend unfähig, anderen und sich selbst Freude zu bereiten, sie scheinen unfähig, tiefere anhaltende Beziehungen zu Menschen oder Sachen einzugehen – und sie müssen ununterbrochen schreien. Natürlich haben sie auch liebenswerte, ja bewundernswerte neue Eigenschaften. Aber diese sind meist die unmittelbare Folge und Kehrseite einer ihrer Schwierigkeiten: Aggressiv, wie sie sind, können sie Erwachsenen frei, ungebeugt begegnen; indifferent, unkooperativ und kritisch, wie sie sind, können sie diese Schwächen sehr ehrlich einsehen und sehr beredt anklagen; ungeordnet, wie sie sind, können sie in bestimmten Lagen sich selbst und ihren Anspruch zurücknehmen.«

Die Zeit der Kinder

Warum ändern Sie Ihr Liebesleben nicht jetzt? Hier lesen Sie, wie Sie Ihren Partner schmerzlos in die Wüste schicken. Hier erfahren Sie, wie Sie Ihre kaputte Liebe wieder kitten können. Von hier erhalten Sie die Brechstange, mit der Sie erfolgreich ein anderes Paar knacken.« Den Crash-Kursus »Liebe statt Sehnsucht« bietet die Zeitschrift »Wiener« 1988 an. Auch wenn man die Marktschreierei abzieht, der Crash-Kursus trifft ins Schwarze des neuen Lebensgefühls. »Sie müssen Ihre verödete Partnerschaft ohne viel Aufsehen und Herzeleid lösen. Sie wünschen keine Tränen, keine Dackelaugen und auch sonst nichts, was Sie weich macht. Wir zeigen Ihnen den harten Weg, der den Erfolg garantiert.« Bis zu den siebziger Jahren reicht die Blütezeit der Kernfamilie, also dessen, was von der Großfamilie blieb. Mehr als neunzig Prozent der Bevölkerung heirateten, und siebzig bis achtzig Prozent lebten in »vollständigen Familien«. An deren Stelle tritt ein Einzelwesen, Ehe und Familie verlieren ihre Vorherrschaft. Wenn sich die Trends nicht überraschend ändern, dann wird künftig folgendes gelten:

- fünfzig Prozent werden unverheiratet bleiben,
- jede zweite Ehe wird geschieden werden,
- die Zahl der unehelich geborenen Kinder steigt (sie liegt schon jetzt bei fünfundzwanzig Prozent),
- jedes zweite Kind, das heute geboren wird, wird nicht in der Familie aufwachsen, in die es hineingeboren wurde.

Zweiundzwanzig Prozent aller Ehepaare haben gegenwärtig keine Kinder. 1950 war jeder fünfte Haushalt ein Einpersonenhaushalt, 1982 ist es jeder dritte. In Städten mit über hunderttausend Einwohnern ist jeder zweite Haushalt ein Einpersonenhaushalt.

Aber die Alleinstehenden, die in »wilder Ehe« Lebenden, gehören auch zur abendländischen Geschichte. Alleinstehende hat es schon immer gegeben. Erst als im zwanzigsten Jahrhundert die Familie in eine Krise geriet, hat man ihr einen Alleinvertretungsanspruch angedichtet. Je hysterischer er vorgebracht wird, desto deutlicher signalisiert er ihren Untergang.

Die Generation der Eltern, die im Schatten des Wilhelminismus groß geworden ist, ist wohl die letzte, die Kindererziehung und Arbeit als Lebenssinn begriffen hat. Diese Generation stirbt aus wie ein Volksstamm, dessen Kultur der Industriezivilisation nicht gewachsen ist. Den Alten, die dieser Generation angehören, muß der Text aus dem »Wiener« wie Blasphemie vorkommen. Mit ihnen versinkt ein Stück abendländischer Kulturgeschichte. Die Gesellungsform Familie nehmen sie mit in ihr Grab. Aber da die Jungen sehen, wieviel Elend die Alten zugelassen und produziert haben, vor allem in der Nazizeit, will keine Trauer aufkommen, und ihr Erbe wird ausgeschlagen.

Die Jungen werden groß in einem Konsumrausch. Es genügt, in die Kinderzimmer hineinzuschauen. Sie werden die erste Generation sein, die mit den massiven Folgen der ökologischen Zerstörung konfrontiert wird. Wie werden die Jungen umgehen mit den Alten, die verantwortlich sind für die Katastrophe? Meine These lautet: Nach dem Ende der Familie werden sie nach neuen Aufbewahrungsmethoden für Alte suchen müssen. Sie werden die Alten begreifen als eine riesige Menge, die zu verwalten ist. Die Verwaltung der Alten durch die Jungen löst die Familie ab. Die Jungen werden mit den Alten verfahren wie wir heute mit der Dritten Welt. Sie werden sie als hilfsbedürftig betrachten, sie werden sie subventionieren, wenn auch auf einem niedrigen Niveau, und sie werden sie entmündigen. Erst werden sie die der Familie Beraubten bedürftig machen, dann werden sie die Versorgung dieser Bedürftigen organisieren, und dann werden sie prüfen, wo sich die Zuwendungen kürzen lassen. Die Sozialtechniker werden den Alten sagen, daß sie nicht allein alt werden können, sondern daß sie sich darauf vorbereiten müssen.

Diktatur der Jungen

Im Jahr 2030

Das Pflegeheim im nordhessischen Frankenberg ist ein Glaspalast, der 50 000 Pflegefälle aus Nordhessen beherbergt. Die Anlage ist rationalisiert, die Pflege nach modernsten Maßstäben organisiert. Das ärztliche, pflegerische und therapeutische Personal ist auf fünfhundert Personen gesenkt worden. Das Pflegeheim gleicht einer automatischen Fabrik: Fließbandpflege. Die Betten mit den Siechen werden durch Videokameras überwacht, jedes Bett ist eine eigene kleine Pflegemaschinerie. In das Gestell sind verschiedene Geräte eingebaut, die den Zustand der Patienten überwachen; auch an einen Fütterungsautomaten ist gedacht worden. Er reagiert auf Augenbewegungen des Patienten. Die Alten werden über Katheter entsorgt, kein Pfleger ist genötigt, sie zu reinigen oder zu windeln. Im Gegensatz zu früheren Zeiten werden die Pfleglinge auch nicht mehr nur einmal in der Woche gebadet. Eine für Pflegeheime konstruierte Waschstraße erlaubt es, die Bettlägerigen ohne großen personellen Aufwand jeden Tag zu duschen. Eine Freiaufhängung der Patienten sorgt dafür, daß es keine der gefürchteten Wunden durch Liegen gibt. Soweit sie ansprechbar sind, genießen die Alten täglich dreißig Minuten Zuwendung durch einen Psychotherapeuten, der auf gerontologische Fälle spezialisiert ist. Sterbende werden intensiver betreut.
Experten betreuen die Sterbenden. Die Fachleute für »Orthothanasie« (»richtiges Sterben«) kontrollieren und korrigieren gegebenenfalls den Sterbeablauf. Im Lehrplan

für Sterbehelfer sind Sterbestufen und entsprechende Betreuungsmaßnahmen aufgeführt. Bei Abweichung von den wissenschaftlich festgelegten Sterbestufen greifen die Sterbehelfer ein und erleichtern gesprächstherapeutisch die Übergänge.

So etwa könnte sich im Jahr 2030 die Lage für viele Alte darstellen. Ein überzeichnetes Horrorbild? Fast alle Details dieser Vision gibt es schon:

- In Japan kommt gegenwärtig der Fütterungsautomat – natürlich computergesteuert – auf den Markt. Er wird in die Konstruktion des Bettgestells integriert.
- Von Videokameras überwachte Pflegebetten werden in der Bundesrepublik gerade entwickelt und getestet. Eine Dauerüberwachung kritischer Fälle liegt nahe angesichts der Unterbesetzung in Heimen.
- Der Dauerkatheter wird schon heute in vielen Pflegeheimen eingesetzt. Es ist zu aufwendig, Patienten auf die Toilette zu bringen. Eine Untersuchung in Basel hat gezeigt, daß in achtzig Prozent aller Fälle der Dauerkatheter medizinisch nicht erforderlich ist.
- Die Waschstraße für Pflegefälle gibt es noch nicht. Aber sie wird kommen, weil zwei Millionen Pflegefälle nicht von immer weniger Personal versorgt werden können. Vorstufen dazu kann man auf jeder einschlägigen Messe bewundern.
- Die Experten für »Orthothanasie« werden bereits ausgebildet. Da sich viele Pfleger Sterbenden gegenüber hilflos fühlen, wird das Berufsbild des Sterbeexperten entwickelt. Die Psychologin Elisabeth Kübler-Ross hat aufgrund wissenschaftlicher Untersuchungen eine Abfolge von Sterbestufen eruiert, die von den Sterbetherapeuten bei ihrer Arbeit zugrunde gelegt werden. Ein Lehrplan für die Ausbildung von Sterbehelfern ist

in Holland erarbeitet worden, und er wird in verschiedenen Ausbildungskursen angewendet.

Das anfänglich skizzierte Szenario entbehrt demnach keineswegs der realen Grundlage. Aber schauen wir noch genauer hin, was uns das Jahr 2030 bringen könnte.
Das erwähnte Heim in Frankenberg ist das Pflegezentrum für die Großregion Nordhessen. Wie etwa bei Schulen hat es sich auch bei Pflegeheimen als sinnvoll, vor allem als billiger erwiesen, sie an zentralen Orten einzurichten. Lieber weniger, aber größer, könnte die Devise lauten. Nordhessen ist eine Art Alten-Homeland, ein »Seniorenreservat«, wie die Jungen spöttisch sagen. In der Region leben fast nur noch Menschen, die über fünfundfünfzig Jahre alt sind, und da wird so ein Riesenpflegeheim gebraucht. Die bundesrepublikanische Landschaft ist im Laufe der Zeit generativ entmischt worden – wie es im Wissenschaftsjargon heißt. Mit anderen Worten: Es gibt Jugendgebiete und Seniorengebiete. Das Seniorengebiet Nordhessen ist eines von zweiundzwanzig Alten-Homelands in der Bundesrepublik. Es ist mit speziell für Alte eingerichteten Wohnanlagen übersät, und auch die Infrastruktur ist an den Bedürfnissen der Senioren ausgerichtet. In jeder Altenwohnanlage gibt es unter anderem einen Seniorenclub, einen Seniorenfriseur, ein Seniorenfitneßcenter. Im Supermarkt wird Altenschonkost angeboten, die Fertignahrung in den Gefriertruhen braucht zu Hause nur erhitzt zu werden. Angeboten werden auch Seniorenzeitschriften und Seniorenfernsehen. Politisch Interessierte können sich in Seniorenparteien und Seniorenbeiräten engagieren. Die Seniorenparteien dürfen in kommunalen Angelegenheiten mitreden, sonst sind sie ohne Einfluß. Dies ist die Welt der Alten.
Die Welt der Jungen sind die Städte. Sie werden beherrscht von der Single-Szene, einer Elite zwischen achtzehn und

fünfundvierzig, die exzessiv arbeitet und exzessiv konsumiert. Banken, High-Tech-Firmen, extravagante Boutiquen, Freizeitanlagen, die von der Sauna bis zum Kino alles umfassen, und Luxusappartements bestimmen das Bild.
Eine alte ländliche und eine jugendliche urbane Lebenswelt stehen sich gegenüber. Ob man Transport, Medizin oder Ernährung ansieht: Die urbanen Jugendzentren sind teuer und luxuriös. Hohe Mieten und schnelle Transportmittel, die Senioren nicht bezahlen können. Für Autobahnen gibt es einen Seniorenzuschlag. Die Mobilität darf nicht unnötig behindert werden, der Verkehr muß fließen. Wasser und Luft werden vielfach gefiltert und gereinigt, die Einkaufsstraßen sind verglast und klimatisiert, so daß der Smog draußen bleibt. Jede Wohnung ist mit einer Klimaanlage ausgestattet. Gemüse und Obst werden eingeflogen aus afrikanischen und asiatischen Gebieten, die als weniger vergiftet gelten. Sie werden biodynamisch produziert und ohne Konservierungsstoffe haltbar gemacht.
In den ländlichen Regionen, wo die Alten wohnen, gibt es keine gefilterte Luft. Die Nahrungsmittel stammen aus der heimischen Produktion. Sie sind hochgradig vergiftet. Das teure Auslandsgemüse und -obst ist unerschwinglich für die Senioren. Während etwa in Frankfurt ein Rettungsdienst arbeitet, der jeden, der einen Herzinfarkt erleidet, innerhalb von Minuten auf den Operationstisch transportiert, fahren in Nordhessen ausrangierte Rettungswagen, die lange Wege zu den medizinischen Versorgungseinrichtungen zurücklegen müssen. Bei über Sechzigjährigen werden keine Operationen mehr vorgenommen. Für Prothesen und Medikamente steht jedem Senior jährlich eine feste Summe zur Verfügung. Von den bescheidenen Renten kann kaum jemand privat eine Operation, ein Medikament oder ein Hörgerät bezahlen. Das Straßensystem im Seniorengebiet ist auf dem Stand der Jahrtausendwende. Die elektrisch betriebenen Altenauto-

mobile fahren nicht schneller als fünfzig Stundenkilometer. Ab fünfundsiebzig Jahren ist es verboten, selbst zu fahren. In der Region verkehren einige wenige Seniorenbusse. In die Großstädte gelangt man nur auf der Autobahn, die Elektroautos dürfen sie allerdings nicht benutzen.

Auch dies ist kein Science-fiction-Gemälde. Daß die Frankfurter City zu einer Zone umgestaltet wird, in der nur noch Banken, Boutiquen und Luxusappartements existieren, ist bekannt. Die Ausstattung der urbanen Zentren mit Freizeitanlagen (»Pueblo«, »Alte Oper«, »Rebstock« zum Beispiel in Frankfurt) ist im Gange. Über die extremen Mieten ist eine Bevölkerungsumschichtung erreicht worden: Die Alten, die in der Vergangenheit in den Innenstädten lebten, sind fast überall in der Bundesrepublik in andere Wohngegenden vertrieben worden.

Die »Neue Ruhr-Zeitung« berichtete am 9. November 1988 unter der Überschrift »Viele können sich die Stadt mit Herz nicht mehr leisten«, daß München zur Stadt für Karrieristen wird. Die High-Tech-Metropole vertreibt Alte und Kinder. Oberbürgermeister Georg Kronawitter erklärt: »Mit großer Sorge sehe ich eine Entwicklung, die im Extremfall dazu führen könnte, daß Krankenschwestern, Polizisten, Postler und andere Durchschnittsverdiener mit Kindern nicht mehr hierbleiben können, weil sie sich München nicht mehr leisten können.« Die Innenstadt bietet 11 600 Parkplätze, aber nur 9454 städtische Kindergartenplätze. Eine Studie ergibt: Der Anteil der Kinderlosen wächst, der Zeitpunkt der Geburt des ersten Kindes wird hinausgeschoben. Die Zahl der Familien mit drei und mehr Kindern hat sich drastisch verringert. Wohnen in München kostet heute bereits dreißig Prozent mehr als anderswo. Zwei Zimmer werden für tausend Mark angeboten. Einkommensschwache Gruppen müssen bis zu fünfzig Prozent ihres Einkommens für die Miete aufbringen. Kinderreiche, Alte und Ausländer haben wenig Möglichkei-

ten, in München eine Wohnung zu finden. München werde eine Stadt der Yuppies und High-Tech-Angestellten, befürchtet der Vorsitzende des dortigen Mietervereins.
In knapp der Hälfte aller Münchener Wohnungen gibt es nur noch Einpersonenhaushalte. Elf Prozent werden von vier oder mehr Personen bewohnt. Der Bundesgeschäftsführer des Kinderschutzbundes berichtet, daß Leute, die Kinder haben wollen, aus den teuren Städten wegziehen: »Es droht die kinderlose Großstadt.« Das Zukunftsbild einer alles beherrschenden Single-Szene in den urbanen Zentren zeichnet sich in München vermutlich am deutlichsten ab. Aber früher oder später trifft diese Entwicklung die Alten und die kinderreichen Familien auch in anderen Städten.
Die Nachbarschaft eines Pflegeheims drückt auf die Immobilienpreise. Ein weiteres Argument für die »generative Entmischung«. Sie ist eine Entwicklung, die bereits in den sechziger Jahren eingesetzt hat. Es gibt Regionen, in denen die Alten stark überrepräsentiert sind; zum Beispiel in den klassischen Erholungsgebieten Voralpenland, Lüneburger Heide, in Küstenregionen und in den Zonenrandgebieten.
Die Qualitätsunterschiede bei der medizinischen Versorgung zwischen Frankfurt und Frankenberg sind nicht zu übersehen, gleiches gilt für die Infrastruktur. Man vergleiche etwa das Rettungswesen in Frankfurt mit dem in Frankenberg. Wenn diese Unterschiede sich verknüpfen mit Altersgruppen, dann ist das Seniorenreservat da. Es wird schließlich kaum zu bestreiten sein, daß das knapp werdende Gut »saubere Luft« nur in den städtischen Zentren gefiltert und gereinigt werden könnte, wenn überhaupt.
In Großbritannien ist die medizinische Versorgung der Alten schon heute besonders geregelt. Ältere Patienten müssen ihre Operationen häufig selbst bezahlen, wenn sie den Eingriff für notwendig halten. Das berühmte National Health System, die unentgeltliche Krankenversorgung, funktioniert

bei Alten in vielen Fällen nicht. Die Gesundheitsreform, die 1988 in der Bundesrepublik verabschiedet worden ist, verschlechtert die Möglichkeit, sich Brillen, Zahnersatz und Hörgeräte zu beschaffen. Eine Reaktion darauf, daß 1988 jeder Krankenkassenpflichtige in der Bundesrepublik mit fünfundzwanzig Prozent seines Beitrags für das sogenannte »Altendefizit« aufkommen muß. Die Senioren belasten die Krankenkassen weit mehr, als sie einzahlen.
Die Trennung von Alten und Jungen im Verkehr ist in Ansätzen bereits realisiert. In Frankfurt sind Fahrkarten für die öffentlichen Nahverkehrsmittel während der Stoßzeiten teurer, bei der Bundesbahn genießen Senioren in den verkehrsarmen Zeiten Vergünstigungen. Der Entzug des Führerscheins ab fünfundsiebzig wird diskutiert. Zwangsüberprüfungen von Sehkraft, Reaktionsschnelligkeit usw. werden nicht mehr lange auf sich warten lassen. Und es zeigt sich eine nur schlecht verborgene Geringschätzung für die Alten, wenn der hessische Verkehrsminister sagt, sie seien im Straßenverkehr angesichts ihres Fahrstils als eine Art »rollende Verkehrsberuhigung« anzusehen.
Innerhalb der Großparteien beginnen sich Seniorenvereinigungen zu bilden. Damit soll wohl verhindert werden, daß sich »Graue Lobbys« zusammentun nach amerikanischem Muster. Tatsächlich dienen solche Vereinigungen der Disziplinierung der Alten, Mitbestimmungsmöglichkeiten bringen sie nicht.

In den Vereinigten Staaten gibt es bereits eine ganze Reihe von Seniorenstädten. In Sun City in Arizona etwa darf man ab dem Alter von fünfzig Jahren ein Grundstück erwerben, aber erst vom sechzigsten Lebensjahr an ist der Zuzug in die Stadt erlaubt. Sie ist von einer Mauer umgeben. Seniorengarden bewachen die Eingänge. Jüngere erhalten nur Besuchsgenehmigungen.

46 000 Senioren leben in diesem selbstgewählten Getto. Wer dort leben will, darf keine schulpflichtigen Kinder haben, denn es gibt keine Schulen in Sun City. Ein Geschäft zu betreiben ist den Bewohnern untersagt, und die Gestaltung der Gärten unterliegt strengen Regeln. Den Mitarbeitern der ansässigen Banken und Geschäfte ist es nicht gestattet, in der Sonnenstadt zu wohnen. Gegen erheblichen Widerstand wurde eine Kinderkrippe für die Mitarbeiterinnen des Spitals eingerichtet. Das Spital in Sun City kann auf die Hilfe von 1600 Freiwilligen zählen, die hier zwei bis vier Stunden pro Woche kostenlos Hilfsdienste leisten. (Es ist das Konzept »Jungsenioren helfen Pflegesenioren«, das auch in der Bundesrepublik Zukunft hat.) Sun City ist eine Wüstenstadt, ein Senioren-Disneyland für die Reichen. Ein gutes Haus kostet 350 000 Dollar. Jeder Bewohner verbraucht pro Tag achthundert Liter Wasser, das aus immer tieferen Brunnen aus immer größerer Entfernung herbeigeschafft werden muß. Wie wird eine kinderreiche Familie von Puertorikanern über die Alten denken, die konsumieren, was das Zeug hält, und ihre Umwelt zugrunde richten?
Auch in Australien gibt es »retirement villages«. Castle Hill am Rande Sydneys besteht vorwiegend aus »units«, die ein Wohnzimmer mit Kochecke und eingebautem Schrank, ein Schlafzimmer und ein Bad umfassen. Man kann einen Garten benutzen, ihn aber zurückgeben, wenn man sich der Arbeit nicht mehr gewachsen fühlt. Um die Lebensqualität zu verbessern, werden »voluntaries« angeboten: Werkstatt, Leihbücherei, Musikabende, Bowlingplätze, Friseur, »Essen auf Rädern«. Es ist ruhig in der Siedlung, denn es gibt keine Kinder – oder nur besuchsweise, wenn die Alten Kinderchören lauschen möchten.
Die Menschen in den Altenstädten fühlen sich keineswegs abgeschoben. Sie leben gern in ihren Dauerfreizeitparadiesen. Eine Welt ohne Risiko, eine Welt ohne Sorgen, eine Welt

ohne Aufgaben. Es ist eine Welt der freiwilligen Selbstentmündigung.
Wer kann sich darüber wundern, daß ein solcherart zur Narretei verkommenes Leben den Menschen närrisch macht? Wer wundert sich über die geistige Verwirrung von Millionen von Alten, aus deren Leben jeder Ernst und jeder Sinn genommen ist? Wer wird nicht verrückt, wenn er halb freiwillig und halb gezwungen sein Leben wegwirft?

Der günstigstenfalls durch Luxus gepolsterten Ausgrenzung der Alten steht keineswegs eine ungetrübte Zukunft der Jugend gegenüber. Die Jugend ist gespalten. Neben einer Elite gibt es Jugendliche und junge Erwachsene, die am Rande der schönen neuen Welt leben. Sie werden an Universitäten oder in Videotheken beschäftigt. Ihre Arbeitskraft wird nicht gebraucht, sie werden stillgestellt durch ununterbrochene Ausbildung und Unterhaltung. Wenn soziale Unruhen zu befürchten sind, dann rühren sie von der Spaltung der Jugend her. Der Luxus und die ökologischen Privilegien der Elite provozieren zur Rebellion. Marodierende Jugendliche werden therapeutisch ruhiggestellt oder zwangsweise in Ausbildungszentren auf dem Land untergebracht. Es handelt sich um Umerziehungslager, die als Lern- und Therapieeinrichtungen bezeichnet werden. 1988 hat die CDU-Politikerin Renate Hellwig die Einführung eines Arbeitsdienstes für arbeitslose Jugendliche vorgeschlagen. Sie ist ihrer Zeit nicht sehr weit voraus.
Die junge Elite erreicht rasch Spitzenjobs und Spitzengehälter. Aber es ist klar, daß mit fünfundvierzig Schluß ist. Sie werden dann nicht einfach gefeuert, der Abgang wird ihnen versüßt. Sie verlassen zwar die Luxuszentren, aber sie landen nicht sogleich in den Senioren-Homelands, sondern können aus ökonomischen Spitzenjobs in soziale Spitzenstellungen umsteigen. So bieten sich ihnen Managementaufgaben in den

Seniorenregionen. Sie können dort etwa das Rettungswesen leiten, oder ihnen werden Seniorensupermärkte anvertraut. Schon heute übernehmen zahlreiche Manager nach der Berufsphase Aufgaben bei sozialen Einrichtungen.

Es bietet sich noch eine zweite Möglichkeit für ehemalige Angehörige der Elite, die mit fünfundvierzig aus dem Berufsleben ausscheiden: Kinder. In der aktiven Phase sind Kinder kein Thema für diese Gruppe. Für sie liegt es nahe, Kinder, wenn überhaupt, erst später zu bekommen, und zwar mehrere gleichzeitig. Die Medizin hat alle Schwierigkeiten aus dem Weg geräumt, die Fünfundvierzigjährigen übernehmen in Labors gezeugte Kinder für etwa sechs Jahre. Danach werden sie in Sozialisationsinstanzen geschult und erzogen. Eine andere, selten werdende Möglichkeit, für Nachwuchs zu sorgen, wird bei den Randjugendlichen praktiziert. Dort frönen noch einige Gruppen dem alten Familienideal, sie zeugen und gebären Kinder in unhygienischer Weise, die sie »natürlich« nennen.

Gierige Greise

Die Rentner bilden einen Angriffskeil. Mit Golfschlägern und Gartenschaufeln bewaffnet, gehen ältere Männer und Frauen auf den Leser zu: So ließ ein amerikanisches Magazin auf seinem Titelblatt die »Greedy Geezers« zeichnen, was man wohl am besten mit »Gierige Greise« übersetzt. In den Vereinigten Staaten ist die Diskussion um die teuren Alten in vollem Gange, und in Europa hat sie begonnen. Dort wie hier sind neben die armen Alten Luxussenioren getreten: die »Woopies« (well-off-older-People). Über sie hat Christoph Cowad in der »Zeit« (Nr. 39/1988) geschrieben. Sie sind eine Zielgruppe, auf die sich die Augen von Produzenten und Werbeleuten richten. Eine Anzeige in einer bundesdeutschen Zeitschrift zeigt gutsituierte »junge Alte« am Billardtisch in einer Urlaubslandschaft. »Nehmen wir einmal an, Sie gehen in Rente, und die Lebensversicherung wird ausgezahlt. Dann haben Sie vielleicht mehr Geld auf Ihrem Konto, als Sie in Ihrer Freizeit unterbringen können. Wie wäre es, wenn Sie den Rest Ihres Geldes noch etwas weiterarbeiten lassen?« Was denken arbeitslose Jugendliche ohne Aussicht auf Renten oder kinderreiche Familien, wenn sie solche Anzeigen lesen? In der Bundesrepublik gibt es heute 68,5 Millionen Lebensversicherungen, rund 7,5 Millionen mehr, als das Land Einwohner hat. Jedes Jahr werden fünf Millionen Verträge abgeschlossen.

1989 gibt es in Offenbach die erste »Seniorenmesse«, das ist eine Verbraucherausstellung. Die Stadt Offenbach suche mit der verbraucheroffenen Messe eine Erweiterung ihrer Möglichkeiten über Lederwarenmesse und Modeforum hinaus, heißt es. Themen der Messe waren Wohnen im Alter, Urlaub und Reisen, Informationen und Kommunikation, Bildung und Kultur, Natur und Gewalt, Kleidung und Körperpflege, Essen und Trinken, Freizeit und Geselligkeit. Begleitet wird die Messe von einem Symposium – Thema: »Wie wollen wir morgen älter werden?« –, von Seniorentanz und Modenschau.

Zurück in die USA. Seit 1986 existiert in Washington eine neue Pressure-group, die sich AGE nennt: »Americans for Generational Equity« – »Amerikaner für die Gleichbehandlung der Generationen«. Ihr Anliegen ist es, darauf hinzuweisen, daß die Rentner so viele Ansprüche stellen, daß andere Altersgruppen – Kinder und junge Alte – schlechte Karten haben. Die Rentnerverbände, die »Graue Lobby«, empören sich über die AGE. Tatsache aber ist, daß die Senioren in den USA – wie in Europa – ihre wirtschaftliche Position im Vergleich zu anderen Altersgruppen verbessern konnten. Das Realeinkommen der Rentner ist in verschiedenen Industrieländern auch während der Wirtschaftskrise gestiegen. Sie sind bei uns die einzige Altersgruppe, die durch die staatliche Sozialversicherung und dynamische Renten gegen die Inflation geschützt ist. Für die USA hat der amerikanische Sozialwissenschaftler Samuel Preston 1984 errechnet, daß sich seit den siebziger Jahren bei den Indikatoren Armut, Staatsausgaben, Lebenserwartung die Lage der Kinder verschlechtert hat, verglichen mit der Situation der über Fünfundsechzigjährigen. Werden die Alten also bevorzugt?
Senior ist nicht Senior, es wird immer viele arme Alte geben. Die Rentenreform 1988 setzt das Pensionierungsalter ab 1995 wieder herauf – auf fünfundsechzig. Wer finanzielle Einbußen hinnimmt, kann früher pensioniert werden. Die

Rentenreform 1988 wird nicht verhindern, daß der Beitragssatz zur Rentenversicherung in Kürze auf dreißig Prozent des Bruttolohns klettern wird. So soll das Rentenloch gestopft werden. Das wird nicht gelingen, und die Reform verstärkt einen gefährlichen Trend: die Teilung der Gesellschaft in solche, die einen Arbeitsplatz haben, und in solche, die keinen haben. Zwei neue Klassen sind im Entstehen. Die einen – vor allem ältere Menschen – genießen Konsum und soziale Sicherheit, die anderen – vor allem junge Menschen – schlagen sich durch und sehen vor ihren Augen die Yuppies und Woopies, deren Lebensstil sie nie erreichen werden.
Der amerikanische Sozialwissenschaftler David Thomson hat die Biographie der »Wohlfahrtsgeneration« beschrieben. Ihre Angehörigen haben nach 1945 geheiratet, und sie gehen heute auf den Ruhestand zu. Sie haben von zahlreichen Subventionen profitiert: Kindergeld, Erziehungsbeihilfen, Hausbaukredite, Expansion des öffentlichen Schulwesens usw. Der Wohlfahrtsstaat aber ist mit ihnen gealtert. Heute gehen die Ausgaben für junge Familien – auch im internationalen Maßstab – zurück, und die Ausgaben für die Altenversorgung steigen. Die Jungen sollen die finanziellen und medizinischen Ansprüche der Wohlfahrtsgeneration befriedigen, während sie selbst nicht damit rechnen können, im Alter diesen Lebensstandard zu genießen. Die Woopies von heute sind die erste und letzte Generation, die sich dem Rausch des Wohlfahrtsstaats und des ungebremsten Konsums hingeben kann. Die Alten werden den Jungen künftig eher als gierige Greise, als unersättliche Parasiten erscheinen. Der Boden ist bereitet für den Altersklassenkampf. Von der Jahrtausendwende an könnte er die Welt tiefer spalten als Rassenhaß, Geschlechterkrieg oder Klassenkampf zwischen Kapital und Arbeit.
Das Forschungsinstitut Prognos AG hat jüngst alarmierende Zahlen vorgelegt: Im Jahr 2040 werden die Einkommen mit

zweiundvierzig Prozent Rentenabzügen belastet, wenn sich am Rentenversicherungssystem nichts ändert. Zusammen mit Steuern und anderen Sozialabgaben wird ein Durchschnittsverdiener in fünfzig Jahren etwa sechzig Prozent seines Lohns abgeben. Hauptursache: die Alten. Die Versicherungsgesellschaften kommen zu ähnlichen Berechnungen: »Heute versorgen 100 Arbeiter 56 Rentner. Im Jahre 2030 werden es 132 Rentner sein.« So steht es in einer Zeitschriftenanzeige. Die Rentner seien heute vitaler als je zuvor und wollen ihren Lebensabend »ohne Einschränkung genießen«, heißt es. Lebensversicherungen sollen die Versorgungslücke schließen. Dieser Weg steht aber nur Menschen mit einem hohen Einkommen offen, einer Elite. Was wird geschehen, wenn 100 Berufstätige 132 Rentner unterhalten sollen? Der Generationsvertrag wird den Jungen wie ein Kettenbrief vorkommen. Die Früheinsteiger sahnen ab, und die Späteinsteiger verlieren ihren Einsatz.

Was soll die Jungen daran hindern, den Generationsvertrag zu kündigen? Jetzt, am Ende des zwanzigsten Jahrhunderts, werden die Alten entdeckt als eine Schar sozial Obdachloser, denen die Familie keinen Zufluchtsort mehr bietet, als ein graues Heer von Abgabensaugern, die ein Riesenstück für sich fordern von einem Kuchen, an dem sie nicht mitbacken.

Die Entwicklung läuft auf eine Explosion zu: Die Jungen mögen sich noch so ereifern über das »Anspruchsdenken« der Alten, diese aber stellen bald die Mehrheit. Wenn sie sich organisieren, sind die Jungen ihnen ausgeliefert. Mit parlamentarischen Mitteln könnten die Jungen ihre Lage nicht ändern. Sie sollen immer mehr von ihrem Einkommen abtreten, und sie werden politisch überrollt. Das kann nicht gutgehen. Und die Jungen werden die Folgen des heutigen exzessiven Konsums der Alten zu spüren bekommen. Daß sie keinen Badeurlaub mehr an der Nordsee machen können, daß ein Sonnenbad angesichts des Ozonlochs lebensgefähr-

lich wird – daran werden sie sich vielleicht noch gewöhnen. Aber sie werden sich kaum schweigend abfinden mit den ökologischen Katastrophen der nahen Zukunft. Der Treibhauseffekt wird weiter das Klima aufheizen und die Polkappen abschmelzen lassen. Weite Küstengebiete werden überschwemmt und riesige landwirtschaftliche Flächen ausgetrocknet. Ein Heer von Flüchtlingen wird um die Erde ziehen, Wasser und Nahrungsmittel werden noch knapper, als sie es heute schon sind. Das Bundesforschungsministerium hält dramatische Veränderungen an der norddeutschen Küste durch das Ansteigen der Meeresoberfläche für »unvermeidbar«. Dies wird schon in zwanzig Jahren katastrophale Folgen zeitigen. Schleswig-Holstein wird zu versinken beginnen. Wenn Umsiedlungen notwendig werden – wer wird sie bezahlen? (Daß in Indonesien, Bangladesch oder Thailand etwa vierzig Prozent des Territoriums verlorengehen und Millionen ertrinken oder verhungern werden , wird die Mitleidsfähigkeit der Zeitgenossen überfordern.) Verteilungskämpfe werden der Alltag sein. Diejenigen, die für das Desaster verantwortlich sind, fordern soziale Sicherheit, Winterurlaub auf Mallorca und – wenn es soweit ist – den 6000-Mark-pro-Tag-Pflegeplatz.
Wie wird es dann mit dem Generationsvertrag aussehen? Wird den Alten das Wahlrecht genommen, die Rente halbiert, das Pflegeheim in ein Sterbehaus umgewandelt? Werden die rüstigen Alten zu Wiedergutmachungsarbeiten herangezogen, werden sie verpflichtet werden zu Aufräumarbeiten beim Abbruch und der Entsorgung von Atomkraftwerken? Wird man sie zur Neuaufforstung auf die ehemaligen Waldflächen schicken? Wird man ihre Asche mit einem Fluch vergraben, weil sie zu viele und weil sie zu gierig waren?
Noch nie hat eine Generation ihren Kindern ein derart verwüstetes Erbe hinterlassen. Auf den rauchenden Trümmern

von Troja konnten die Kinder eine neue Stadt aufbauen. Die Trümmer, die heute hinterlassen werden, strahlen auf ewig. Die Wiederaufbauarbeit der nächsten Generationen ist ein hoffnungsloses Unterfangen.

Mancher Alter mag mit heimlicher Schadenfreude auf die jungen Erwachsenen sehen: So gut und exzessiv hat zwar noch keine Generation gelebt, aber die heutigen Alten sind die erste Generation, die noch nach ihrem Tod die Nachfahren fast völlig beherrschen wird. Hinterlassen sie doch eine Lebenswelt, aus der die Jungen kaum werden aussteigen können. Sie sind festgelegt auf das Modell der technischen Zivilisation der Vorgänger.

Der Neid der Greise auf die Zukunft ist so alt wie die Menschheit. Und der Versuch, die Jungen am Leben zu hindern, ihre Beteiligung an der Macht so lange hinauszuzögern wie möglich, zieht sich durch die Geschichte. Nie zuvor war es den Alten gelungen, ihren Neid praktisch umzusetzen. Jetzt haben sie der Jugend die Zukunft genommen. Die Schadenfreude der Alten und ihr perverser Stolz, mit dem sie auf ihre Leistungen verweisen, wird sich in Entsetzen verwandeln, wenn ihnen die Jungen die Rechnung präsentieren: Ihr habt die Lebenswelt ruiniert. Wir werden nicht für euch aufkommen. Ihr habt verantwortungslos gehandelt. Wir tragen keine Verantwortung für euch.

Wie konnten wir in dieses Dilemma hineingeraten? Woher kommt dieses Heer sozial obdachloser Grauköpfe, die künstlich ernährt werden durch staatliche Versorgungsmaßnahmen? Bismarck ist schuld. Die Vorsorge für das Alter wird seit dem Ende des neunzehnten Jahrhunderts der individuellen Entscheidung entzogen und geregelt durch die Großinstitutionen der sozialen Sicherung. Damit sind der Familie als dem Dach der Generationen die Stützpfeiler entzogen worden: Bismarck hat der Familie den Rest gegeben. Kinder waren vor hundert Jahren für Menschen ohne Vermögen die einzige Alterssicherung. Als die Bismarcksche Sozialgesetzgebung begann, diese familiale Alterssicherung aufzulösen, fing sie an die Familie aufzulösen. Die Einführung der Rentenversicherung macht Kinder überflüssig. Die hedonistische Lebensführung macht Kinder lästig, sie kosten Zeit und Geld. Immer mehr Menschen leben als Singles oder Dinkis (double income no kids). Kinder sind im ausgehenden zwanzigsten Jahrhundert eine Fehlinvestition. Die Dinkis werden wohl als erste zur Kasse gebeten werden, wenn sich herausstellt, daß die Rentenversicherung am Ende ist.

Die Abschaffung der Kinderarbeit im vorigen Jahrhundert war fraglos ein Akt der Humanität. Da aber Kinder nun weder für die Alterssicherung noch für die Mehrung des Familieneinkommens gebraucht werden, stellt sich ihre Anschaffung als reiner Luxus dar. Das bißchen Instinkt, das im Menschen zu vermuten ist, reicht offenbar nicht aus, um die Vorteile eines Lebens ohne Kinder aufzuwiegen.

Die Geschichte des Generationskonflikts zeigt, daß die Welt immer jünger wird. Es begann mit Ahnenverehrung und Ahnenkult – die Alten hatten alles fest im Griff. Die Antike mit der »Gerusia« kann als Verherrlichung des Alters gelten. Das Mittelalter schuf die christliche Familie, in deren Zentrum die Eltern stehen. Dann werden Kindheit und Alter »entdeckt«. Die staatliche Daseinsfürsorge, die seit dem letzten Jahrhundert die Familie zu ersetzen beginnt, macht aus Kindern und Alten scharf vom Rest der Gesellschaft abgegrenzte Gruppen. Ihr Leben ist geprägt durch die Fürsorge, die der Staat ihnen bietet: Kindergarten und Schule für die einen, Pflegeheim und Intensivstation für die anderen. Die alten Mechanismen zur Regelung des Generationskonflikts funktionieren nicht mehr, statt dessen verwaltet der Staat die Beziehungen zwischen jung und alt, er will es jedenfalls.

Der Generationskonflikt aber bricht als Altersklassenkampf neu auf, die Jungen fangen an, ihr Verhältnis zu den Alten neu zu betrachten. Das graue Heer erscheint ihnen wie ein Bermudadreieck für sozialpolitische Leistungen. Nachdem die Familie für immer versunken ist, knüpft sich alle Hoffnung der Alten an den fürsorgenden Staat. Sie pochen auf ihren Versorgungsanspruch. Mit erhobenem Zeigefinger verweisen sie auf die erbrachten Leistungen. Und die Jungen erwidern, sie seien den fleißigen Totengräbern der Menschheit nichts schuldig.
Die Erfahrungen der Alten sind nichts mehr wert. Sie sind durch die Tatsachen diskreditiert, und die politische Moral der Alten hat die Qualität eines ethischen Faustkeils. Die Alten hatten alle Chancen, aber sie haben versagt. Sie haben keine Probleme gelöst, sondern neue geschaffen. Die kommende Generation wird anders handeln. Sie wird sich nicht auf moralische Kategorien berufen, sondern auf Berechnungen. Sie wird die Kosten-Nutzen-Analyse zum Maßstab ihres Handelns machen, und dabei haben die Alten schlechte Karten.
Eine smarte Roheit gegenüber den Alten wird aufkommen. Sie werden nicht mehr als integrationsbedürftige Randgruppe gesehen werden, sondern als kostenträchtige Problemgruppe. Respekt vor den Alten? Wieso denn, aus welchen Gründen? Teure, nutzlose, konsumgierige Menschen in großer Zahl sind zu besichtigen. Was soll mit ihnen geschehen? Es muß nicht gleich eine Pogromstimmung gegenüber den Alten erwachsen. Es genügt einstweilen, weniger Geld in ihren Unterhalt zu stecken. Immer noch Kosten ohne Nutzen. Die Alten werden nicht aufgefressen, neben anderem würde dies Respekt vor ihnen voraussetzen. Aber die lebenserhaltenden Apparate werden vielleicht etwas früher abgeschaltet, die Aufwendungen für Krankenhäuser und Altenheime werden gekürzt, die Zahl der Operationen an Alten

wird begrenzt, die Renten werden verringert. Technokratische Kühle im Umgang mit dem Rentnerheer steht an, administrative Härte.
Hegel hat einen »Atheismus der Sitten« prognostiziert. Die Zukunft gehört den Egomanen. Sie werfen die Eierschalen der christlichen Ethik ab. Auf die Bühne tritt das neue Individuum. Es ist frei von Familie und Moral.

Sand im Getriebe

Der achtzehnjährige EDV-Spezialist sitzt im Nadelstreifenanzug hinter dem leeren Schreibtisch. Kein Blatt, kein Stift, kein Buch. Ihm gegenüber im Besuchersessel eine Dreißigjährige. Er sagt ihr: Sie haben sich um eine Stelle in unserer Rechenabteilung beworben. Leider – die Tests haben bestätigt, was zu vermuten war –, Sie sind zu alt für uns.

Das kleine Unternehmen, Tochter eines multinationalen Konzerns, arbeitet in der Zukunftsbranche Biochemie. Entwickelt und verkauft werden gentechnische Verfahren für die Tier- und Pflanzenzucht. Aber zu dem Betrieb gehören keine Felder mit Versuchskühen oder Äcker mit Experimentalpflanzen. Das Gelände beherbergt Labors und Rechenanlagen der neuesten Generation. Die Außenwelt wird in Computern simuliert – die Quälerei durch Tierversuche hat ein Ende.

Die Führungskräfte des Unternehmens sind junge Leute wie der Achtzehnjährige im Nadelstreifenanzug. Mit achtzehn die Höchstleistung, mit vierundzwanzig ist der Kulminationspunkt überschritten. Wer bis dahin nicht fürs Leben vorgesorgt hat, wird es nicht mehr schaffen. In der kurzen Phase der Höchstleistung gilt es herauszuholen, was herauszuholen ist. Die Geschwindigkeit, mit der die Rechnergenerationen und technischen Verfahren sich ablösen, ist rasant, und nur junge Leute können einige wenige Jahre Schritt halten.

Die Jungen wissen um ihren Wert und ihre Macht, sie wissen

aber auch, daß diese Macht zeitlich begrenzt ist. Das Muster des Lebens ist Beschleunigung – wie im Sport, wie im Verkehr. Das Behäbige ist widerlich, das Bequeme hat den Ruch des Alters. Deshalb ersparen sich die Spitzensportler der Rechenkunst den Umweg über die Universität. Sie gilt ihnen als eine vorsintflutliche Institution, in der längst veraltete Kenntnisse verwaltet werden. Sie sehen die Universität an als einen Kulturschutzpark für die dumpfe Masse, die vom Kindergarten bis zu den Seniorenreservaten geschoben wird und zu eigener Initiative nicht in der Lage ist.

Die Achtzehnjährigen denken kühl und aggressiv. Sie schätzen das Tempo des dritten Jahrtausends, aber sie übersehen nicht die Gefahren. Zum Beispiel wissen sie um die Risiken der gentechnischen Revolution. Die modernen Wissenschaften sind vielversprechend, aber sie müssen gebändigt werden. Die Entwicklungen sind zusammen mit ihren möglichen Folgen zu bewerten, damit sie nicht das Leben gefährden. Ein Achtzehnjähriger des dritten Jahrtausends ist »systemgebildet«, das ist das neue Tugendmolekül.

Aus seiner Sicht ist das Versagen der Spätindustriellen nicht moralischer Natur. Moralische Kategorien sind ihm sowieso fremd. Er diagnostiziert vielmehr die Tatsache, daß mit den politischen, sozialen und moralischen Kategorien des zwanzigsten Jahrhunderts die anstehenden Probleme nicht gelöst werden konnten. Sowohl die Handlungsmaximen als auch die Gesellungsformen der Spätindustriellen waren unangemessen. Die Bedrohungen der Gegenwart müssen durch streng wissenschaftliche Verfahren abgewehrt werden. Da helfen keine christlichen Werte aus der Zeit der Postkutschen und auch keine Familie.

Zur Erhaltung der Gesellschaft bedarf es des Nachwuchses. Die Befruchtung im Mutterleib ist aus der Mode gekommen, da die modernen Reproduktionstechniken die Risiken der früheren Geburtsweise ausschließen. Männer und Frauen,

die das produktive Alter hinter sich haben, übernehmen die im Labor produzierten Geschöpfe in den ersten Lebensjahren und gründen dafür eine zeitlich befristete Lebensgemeinschaft. Nach etwa fünf Jahren wird das Kleinkind in die Obhut von Gemeinschaftseinrichtungen gegeben.
Das Kinderproblem ist schnell gelöst in der nachfamilialen Epoche. Schwieriger ist es, eine Antwort auf die Frage zu finden, was man mit den Alten anfangen sollte. Diese Vollwaisen des Familiensterbens bereiten erhebliche Schwierigkeiten. Sie dürfen aus der Sicht der Jungen nicht zum Sand im Getriebe werden. Die Alten drohen die Infrastruktur – die Geschäfte, die Transportadern – zu überlasten und das Lebenstempo zu bremsen. Ein möglicher Widerstand der Alten gegen ihre gesellschaftliche Isolierung könnte fast alles lahmlegen, sie bräuchten sich nur zu verabreden, zur Hauptgeschäftszeit in den Supermärkten zu erscheinen oder die Nahverkehrsmittel zu benutzen. Sie könnten zur Rush-hour ihre alten Autos aus den Garagen holen, und alle Räder stünden still. Die Gefahr, daß die Alten rebellisch werden, ist nicht völlig von der Hand zu weisen, denn die Subventionen für sie werden gekürzt. Der Staat muß darauf vorbereitet sein, und er muß die Alten jederzeit unter Kontrolle haben. Zu diesem Zweck entwickelt er einen Altenplan.

Der Altenplan

Die Wissenschaft hat einen detaillierten Lebensstufenplan entwickelt. Er teilt das Leben der neuen Menschen zunächst in drei Großabschnitte ein:

1. Präsozialisation (1. bis 30. Lebensjahr),
2. Berufstätigkeit (30. bis 55. Lebensjahr),
3. Postsozialisation (ab dem 55. Lebensjahr).

Dieser Plan erfaßt in seiner ersten Phase nicht die wissenschaftlich-technische Elite, die ihren Weg an den Ausbildungseinrichtungen vorbei nimmt. Entscheidend ist der Neuentwurf der Postsozialisationsphase. Diese Phase teilt sich in verschiedene Stufen auf:

1. Die Frühsenioren (55 bis 65 Jahre)
Sie unterliegen einer Altenbildungspflicht. Sie können unter einer Reihe von Kursen wählen, die der Vorbereitung auf das Alter dienen. Je nach Bildungsgrad wird die Seniorenuniversität oder die Seniorenschule besucht. Es gibt Pflichtkurse und freiwillige Kurse (Töpfern, Malen, Sprachen usw.). Die Pflichtkurse dienen der Kostendämpfung und umfassen vor allem Gesundheitsvorsorge, Altersdiät und Seniorensport. Gehirnjogging gegen altersbedingte Denkschwäche ist ebenso Pflicht wie das Kennenlernen der ambulanten und stationären Dienste der Altenhilfe. Der wichtigste Pflichtkurs befaßt sich mit der Altenpflege; die Altenhilfspläne sehen

vor, daß die Frühsenioren einbezogen werden in die Pflege der älteren Senioren. Die Pflichtkurse werden mit einem Diplom abgeschlossen (»Diplomsenior«), das die erworbenen Fähigkeiten bei der Altenpflege ausweist. Wer sich der Altenbildungspflicht ohne schwerwiegende Gründe entzieht, muß auf einen Teil seiner Rente verzichten. Die Zeit außerhalb der Altenbildungspflicht ist Freizeit.

2. Die Jungsenioren (65 bis 75 Jahre)
Sie sind zu öffentlichen Diensten verpflichtet, für die sie bescheiden honoriert werden. Sie können wählen zwischen zwei Aufgaben: Sie betätigen sich entweder in der Altenpflege, indem sie bei der ambulanten Hilfe in den Sozialstationen stundenweise Dienst tun oder indem sie eine bestimmte Zahl von Pflichtstunden in Pflegeheimen absolvieren, oder sie helfen mit, die Umwelt zu reparieren, soweit dies noch möglich ist. Da die Alten die Hauptschuldigen sind am katastrophalen Zustand der Natur, betrachtet die junge Öffentlichkeit es als Pflicht der Senioren, sich an Aufräumarbeiten zu beteiligen. Dazu zählen Aufforstungsversuche in den versteppten Gebieten und Abbrucharbeiten in Atomkraftwerksruinen.

3. Die Senioren (75 bis etwa 85 Jahre)
Bei ihnen ist mit zunehmender Hilfsbedürftigkeit zu rechnen, und sie sind von öffentlichen Diensten freigestellt. Soweit erforderlich, werden sie von jüngeren Senioren in ihren Wohnungen versorgt. Sozialarbeiter kontrollieren, ob der Seniorensport für Hirn und Herz praktiziert wird.

4. Die Pflegesenioren (etwa ab 80 bis 85 Jahren)
Die Einstufung in diese Gruppe erfolgt aufgrund von Tests. Etwa die Hälfte der Pflegesenioren wird zwangsbetreut, da sie so verwirrt ist, daß sie nicht mehr selbständig leben kann. Eine Million durch Zwangsbetreuung Entmündigte ist in

geschlossenen Anstalten untergebracht. Eine weitere Million befindet sich auf Pflegestationen. In Krankenhäusern werden über Achtzigjährige nicht mehr aufgenommen. Es gibt Pflegebedürftige der leichteren Sorte und finale Pflegefälle. Die finalen Pflegefälle werden in Sterbekliniken untergebracht, in denen speziell geschultes Personal die letzten Lebensphasen begleitet. Ärztekomitees prüfen, wann die lebenserhaltenden Maßnahmen beendet werden. Das Personal der Pflegeheime und Sterbekliniken besteht soweit wie möglich aus Jungsenioren – vom Arzt bis zu Pflegern und Sterbetherapeuten. Reicht ihre Zahl nicht aus, dann wird Pflegepersonal aus der Dritten Welt eingeflogen. Die philippinischen Schwestern und indischen Ärzte etwa erhalten auf fünf Jahre befristete Aufenthaltsgenehmigungen. Nach deren Ablauf sind sie zur Rückkehr verpflichtet. Neben dem Import von Pflegepersonal gibt es den Export von Pflegefällen. Sie werden in Seniorenfreizeitanlagen in klimatisch günstigen Regionen der Dritten Welt versorgt, Mallorca reicht schon lange nicht mehr, um die Altenflut zu bewältigen.

Das Konzept der Altenversorgung ist weitgehend auf Selbsthilfe abgestellt. Die Alten sollen sich gegenseitig versorgen, unter anderem auch in Selbsthilfegruppen. In Fällen vorübergehender Hilfsbedürftigkeit bieten die Selbsthilfegruppen kostenfreie Unterstützung. Die Selbsthilfegruppen können durch geschulte Kräfte angeleitet werden. Die Selbsthilfebewegung ist ein wichtiger Faktor der Kostenverringerung. Ihre Organisation und Überwachung ist billig, und die Pflicht zu unentgeltlicher Unterstützung befreit den Staat von einer wichtigen Aufgabe. Je schlechter die finanzielle und personelle Ausstattung der Altenhilfe wird, desto stärker folgen die Senioren dem Zwang zur Selbsthilfe.

Vom Ende des Lebenszyklus

In meiner Eltern Stube hing ein kunstloses Bild an der Wand, das sich meinem Gedächtnis unauslöschlich einprägte. Auf der ersten Stufe stand die Wiege, auf der zweiten ein Knabe und ein Mädchen, einander an der Hand fassend und sich anlachend. Auf der dritten abgebildet war ein Jüngling und eine Jungfrau, die sich zwar Arm in Arm legen, jedes aber vor sich hin schauen. Oben in der Mitte an vierter Stelle befinden sich Jungmann und Jungfrau, d. i. Braut und Bräutigam, beide alleinstehend, er mit Hut in der Hand vor ihr, sie sich verneigend. Auf der fünften Stufe steigen ab Mann und Frau, frei einander führend, auf der sechsten alter Mann und alte Frau, sich noch die Arme reichend, schon ein wenig gebückt, auf der siebenten endlich wieder unten Greis und Greisin, jedes mit Stock und Krücken sich forthelfend, und vor ihren Schritten öffnet sich ein Grab. Die Notwendigkeit des Stabs auf der letzten Stufe mahnt an den bekannten Ausspruch, daß das Kind auf vier Beinen, der Erwachsene auf zweien, der Greis auf dreien einhergehe.«

Diesen Zyklus des Lebens, wie Jakob Grimm ihn beschrieben hat, gibt es heute kaum noch. Eine ganzseitige Anzeige in einer Tageszeitung wirbt für eine Illustrierte und ihre Titelgeschichte »Sexy mit 60?«. Es geht nicht um Eros im Alter, sondern um die sexuelle Fitneß. Ebenso wie in der Mode der Unterschied zwischen Mann und Frau schwindet,

beseitigt sie den Unterschied zwischen alt und jung. Sie propagiert einen alterslosen Grundtyp, der unter dem Diktat der Jugendlichkeit steht. Verschwunden sind die Zeiten, in denen eine bestimmte Kleidung den Abschied von der Lebensphase der Jüngeren anzeigte. Noch vor dreißig Jahren war eine Großmutter wie eine Großmutter gekleidet: Schleife, schwarzer Mantel, Muff, Hütchen. Die Großmutter von heute trägt »Jugend«. Ein Stück Befreiung liegt darin – zweifellos. Aber beim morgendlichen Blick in den Spiegel drängt sich die bittere Erkenntnis auf, daß die Entfernung vom Idealtyp trotz aller Mühen immer größer wird. Der Senior von heute kämpft um Fitneß, Gesundheit und Aktivität, um Potenz und »Lebensfreude«, und er kann diesen Kampf nur verlieren. Die Trauer um die vergangene Jugend haben alle Zeiten gekannt. Jeder, der den Verfall zu leugnen trachtete, galt als Narr. Der gegenwärtige und zukünftige Zwang zur Jugendlichkeit macht die Alten zu Narren.
Eine gewaltige Industrie liefert die Waffen für den Kampf gegen das Alter, sie versorgt die Alten mit Krücken, Brillen, dritten Zähnen, Knoblauchpillen, Säften und Kräutern. Manches Gesicht sieht aus, als stammte es aus dem Kabinett der Madame Tussaud. Gesichter, zu glatten Masken erstarrt – die amerikanischen Touristenladys konnte man schon vor zwanzig Jahren bestaunen wegen ihrer Gesichter, aus denen Schmerz und Lust des Lebens durch Facelifting und Höhensonne entfernt worden waren.
Wenn einst Jakob Grimm das Leben als eine Pyramide beschrieb, so ist es heute eine Strecke mit Einkerbungen. Die Kindheit schon wird von den Entwicklungspsychologen beschrieben als eine Folge von Abschnitten, bei denen ein festumrissener Schritt dem anderen folgen muß. Die Formulierung von Entwicklungsabschnitten erlaubt es, Fortschritt, Rückschritt und Stillstand zu messen. Für die Welt der Erwachsenen hat die Einteilung in Abschnitte damit begon-

nen, daß eine Krise, die »Midlife«-Krise, in der Mitte des Lebens festgestellt wurde.
Diese Lebensstrecke mit ihrer festen Einteilung in Phasen ist ein ideales Instrument für Experten: Wehe, jemand lungert in einem Lebensabschnitt herum, den er längst durchmessen haben sollte. Von der analen Phase bis zum Spätsenior ein Programm, das nach Einhaltung und Kontrolle ruft. Die Experten stehen parat, um die Menschen zurückzuführen oder voranzuschieben in den Abschnitt, der ihrem jeweiligen Alter entspricht. Mit jedem Abschnitt verbinden sich bestimmte Eingriffsmöglichkeiten: Der Kindertherapeut ist für die frühen Abschnitte da, der Geragoge für die ordnungsgemäße Bewältigung des Alters.
Dem Pyramidenbild entspricht als Utopie der Jungbrunnen. In den Jungbrunnen stieg man alt hinab, um als ein neuer Mensch wieder aufzutauchen. Über das Leben als Strecke wachen die Experten. Wer je mit einem Kind zur ärztlichen Vorsorgeuntersuchung war und sich den Vorsorgepaß angesehen hat, weiß, wie »Normalität« vom ersten Lebenstag an formuliert und gemessen wird. Und welche Eltern würden nicht zittern, wenn sie ihr Kind diesem Maßstab der statistisch festgelegten Normalität unterwerfen?
Die Antike kennt viele Bilder für den Zyklus des Lebens. Am häufigsten ist die Einteilung in sieben Phasen, wobei jede Phase durch Himmelskörper symbolisiert wird. Der erste Lebensabschnitt, der Lebensabschnitt des kleinen Kindes, wird von »Selene« beherrscht. Die Seele des kleinen Kindes ist schwach wie die Kräfte des Mondes. Der zweite Lebensabschnitt umfaßt das Kindesalter vom fünften bis zum vierzehnten Lebensjahr und steht unter der Herrschaft des Merkurs. In diesem Lebensalter beginnen sich Geist und Seele zu formen. Im dritten Lebensabschnitt – er währt vom fünfzehnten bis zum zweiundzwanzigsten Jahr – herrscht Venus. Verliebtheit und Trug der Leidenschaft sind typisch für diese

Zeit. Das vierte Lebensalter, das Mannesalter vom dreiundzwanzigsten bis zum einundvierzigsten Lebensjahr, wird von der Sonne bestimmt. Selbständigkeit und Macht des Erwachsenen treten in den Vordergrund. Der fünfte Lebensabschnitt umfaßt die zweite Hälfte des Mannesalters, sie reicht vom zweiundvierzigsten bis zum sechsundfünfzigsten Lebensjahr. Es regiert Mars, der Unheilstifter. Ernst und Qual, das Bemühen, etwas Rechtes zu schaffen, stehen im Mittelpunkt. Das sechste Lebensalter bringt noch einmal einen Höhepunkt. Es ist das erste Greisenalter, es beginnt mit dem siebenundfünfzigsten Lebensjahr und endet mit dem achtundsechzigsten. Jupiter gibt den Ton an. In dieser Phase wird der Mensch ruhig, er wendet sich ab von Gewalt und Unruhe, und sein Handeln schafft Segensreiches. Das siebte Lebensalter schließlich wird von Saturn bestimmt, dem lichtschwächsten und langsamsten Planeten.
Hinter der Einteilung des Lebenszyklus nach Himmelskörpern steckt viel Weisheit und Erfahrung. Was tritt heute an die Stelle der Himmelskörper? Die Errungenschaften der modernen Zivilisation: Das erste Lebensalter verbringt der Mensch im Kindergarten. Das zweite Lebensalter ist der Schule gewidmet. Im dritten Lebensalter kommt die Berufsausbildung zum Zuge, Hochschule oder Lehre. Die vierte Phase steht unter der Regie des Berufs, Büro und Fabrik beherrschen das Leben. Das fünfte Lebensalter ist das der Jungsenioren, es spielt sich ab in Freizeiteinrichtungen, und die Altenbildung kündigt sich für die Zukunft an. Im sechsten Lebensalter treffen wir auf den Senior, er ist angewiesen auf die Versorgung durch gesellschaftliche Einrichtungen. Das siebte und letzte Lebensalter erreicht der Pflegesenior, der sein Leben im Altenheim oder im Krankenhaus abschließt. An die Stelle der Himmelskörper treten Institutionen. Ihre Aufgabe ist es, den Menschen zu verwalten von Kindesbeinen an.

Der Wettlauf der Sozialkonzerne

Müssen die Rentner wirklich alle um siebzehn Uhr einkaufen, wenn die Berufstätigen schnell in den Supermarkt stürzen, um nach Arbeitsschluß noch etwas zu besorgen? Gerade zu dieser Zeit tummelt sich eine Schar von Alten in den Läden, die die Schlangen vor den Kassen verlängert und die Abfertigung verzögert. Sie untersuchen am Obststand jede Tomate einzeln, sie haben Zeit. Warum können sie ihre fünfzig Gramm Salami nicht am Vormittag einkaufen? Man sollte in den Supermärkten Sonderzeiten für Alte einführen, umsatzschwache Zeiten, in denen Rentner drei Prozent Rabatt bekommen. Aber wahrscheinlich wollen Alte sowieso nur ihre Zeit totschlagen, und außerhalb der Hauptgeschäftszeiten ist ja nichts los im Supermarkt. Am Vormittag ginge der Einkauf viel zu schnell, die Stunden bis zum Beginn des Fernsehprogramms würden sich viel zu lange dehnen. Es gibt kaum eine andere Beschäftigungsmöglichkeit für viele Alte, als durch die gutgeheizten Konsumpaläste zu streifen. So oder ähnlich aggressiv gegenüber den Alten denken heute schon viele junge Erwachsene.

Oder so: Es ist wie beim Wettlauf von Hase und Igel. Ein Alter ist immer schon da. Über die Autobahnen schleichen sie in ihren stets geputzten Autos, in den Eisenbahnen bestehen sie auf ihren reservierten Plätzen, und nun fangen sie an, die Jets auf die Kanarischen Inseln zu bevölkern. Ausgegliedert aus dem Berufsleben, das sie als Sinn des Lebens begriffen hatten, frönen sie dem, was sie den »wohlverdienten

Ruhestand« nennen. Sie lesen die »Bild-Zeitung« und sorgen als zahlreiches Fernsehstammpublikum, auf das die Programmplaner Rücksicht nehmen müssen, für Abende voll von seichtem Unterhaltungsmüll.

Es wurde berichtet von einem Rentner, der die Werbeprospekte aus seinem Briefkasten abheftet, da er andere Post nicht bekommt. So trostlos kann das Alter sein. Von den Jungen erwarten die Alten, daß sie den Lebensabend ihrer Großmütter und Großväter gestalten durch Beschäftigungs- und Unterhaltungsangebote. Sie sind nicht nur lästig, sie halten nicht nur den Betrieb auf, jetzt verlangen sie sogar, daß man sich um sie bemüht. So wird mancher Junge denken, wenn er von den Forderungen der Altenlobby hört.

Wer heute achtzig ist, gehört zur Wilhelminischen Generation: Ordnung, Pünktlichkeit, Sparsamkeit, Arbeit, Familie. Es sind die Adenauer-Alten, sie glauben an die Devise, daß jeder seines Glückes Schmied sei. Mit Minipensionen werden die Witwen abgefunden, und manche schämen sich, zum Sozialamt zu gehen. In dieser Generation gibt es gewiß viele bedauernswerte Menschen. Sie haben ihr Leben den Kindern gewidmet und werden nun um ihren Lohn betrogen, weil sich die Kinder nicht um sie kümmern. Ihre letzte Station ist oft genug das Pflegeheim.

Aber sie sind nicht nur zu bedauern. Es ist auch eine Generation starrsinniger Verblendung, von der die meisten keine Konsequenzen gezogen haben aus ihrer passiven und aktiven Beteiligung am größten Verbrechen der Menschheit, am Nationalsozialismus. Weiß ich denn, wenn ich einen achtzigjährigen Alten treffe, ob der nicht während der Novemberpogrome 1938, der sogenannten »Reichskristallnacht«, Steine in die Fenster jüdischer Geschäfte geworfen hat? Mit der Aufbauleistung nach 1945 brüsten sie sich aufdringlich, aber die Zeit der Barbarei haben sie aus der Erinnerung getilgt. Oder sie tun so, als wären sie nicht dabeigewesen. Die Adenauer-Alten sterben allmählich aus. Danach kommen die, die als junge Alte auftreten. Die Jungsenioren sind nicht geneigt, die staatliche Fürsorge als Gnade zu betrachten, sie fordern vielmehr ihr Recht und erwarten eine funktionierende Versorgung.

Wenn vor zwanzig Jahren eine alte Frau mit Stock und Kopftuch die Straßenbahn betrat, sahen sich die Kinder genötigt, sich zu erheben, und böse Blicke hätten jeden Widerstand eines Kindes gebrochen. Wenn heute eine von der Arbeit erschöpfte fünfzigjährige Sekretärin auf dem U-Bahn-Sitz niedersinkt, neben sich Einkaufstaschen, dann kann es ihr passieren, daß eine elegant gekleidete Seniorin sie, mit einem Ausweis bewaffnet, vom Platz scheucht. Darin steckt sozialer Sprengstoff.

Die Jungen betrachten die Alten heute mit anderen Augen. Es werden früher nicht immer liebevolle Blicke gewesen sein, die in den Familien gewechselt wurden, aber sie waren geprägt von einer intimen sozialen Beziehung. An deren Stelle ist die Kälte der Verwaltung getreten: Heute heißen die Alten Senioren; das soll freundlich klingen, bedeutet aber, daß der sich in den Worten »Großmutter« oder »Großvater« ausdrückende Familienbezug ausgelöscht worden ist. Im Wort »Senior« steckt die Reduzierung der Alten zu einem verwaltungstechnischen Gegenstand. Als Großvater ist der Greis Märchenerzähler oder Nervensäge gewesen. Als Senior ist er Empfänger von Dienstleistungen und Waren. Aus dem Opa, der aus dem Bett im Kämmerchen nach seiner Suppe schrie, ist der »Pflegefall« geworden, dessen Versorgung professionell organisiert ist. Großeltern sind gehaßt und respektiert worden, und manchmal hat man auch mit Arsen nachgeholfen. Dieses Gift trug in Pommern den Namen »Altensitzpulver«. Die Gefühle, gleich welcher Art, sind geschwunden. Heute befassen sich die Jungen mit der »Problemgruppe Senioren«. Sie konzipieren als Kommunal-

politiker Altenhilfspläne, entwerfen als Innenarchitekten altersgerechte Badewannen oder pflegen ihre Arroganz gegenüber den »Grufties«.
Die Beziehungen zwischen alt und jung werden in Zukunft unpersönlich sein. Die Sozialtechniker werden bestenfalls bedauernd mit den Achseln zucken, wenn sie den aus allen Familienbeziehungen herausgelösten ehemaligen Großeltern die Zuwendungen kürzen. Die Ressourcen seien knapper geworden, die wirtschaftlichen Probleme seien groß, da müßten die Senioren ihren Beitrag leisten zur Bewältigung der Schwierigkeiten. Die Feindseligkeit gegen die Alten wird sich administrative Wege suchen.
Die Austragung des Generationskonflikts hat sich geändert wie die Kriegführung. Da werden keine Bajonette auf dem Schlachtfeld in den Körper der Feinde gerammt, kein Greis wird mit einem Eisbärknochen erschlagen. Die Aggression maskiert sich. Die Vernichtung wird durch Knopfdruck ausgelöst. Die Technokraten haben uns befreit von allem Gefühlsballast.
In der Altenhilfe, wie sie heute existiert, zeigen sich erste Ansätze zur umfassenden Verwaltung der Alten. Darin stekken bereits alle wichtigen Voraussetzungen für die Altenapartheid der Zukunft. Heute wird unterschieden zwischen der geschlossenen Altenhilfe und der ambulanten oder offenen Altenhilfe. In den erstgenannten Einrichtungen werden die pflegebedürftigen Alten verwahrt; sie leben dort weitgehend abgeschlossen von der Welt, und ihre Versorgung wird fließbandähnliche Züge annehmen. Die ambulante Altenhilfe soll dazu dienen, Alten auch in kritischen Phasen das Weiterleben in der eigenen Wohnung zu ermöglichen. Das ist humaner, aber auch billiger. Die ambulante Hilfe ist allerdings wie ein ausgelegter Köder, der alte Menschen dazu verlockt, zum Klienten zu werden. Die Alten werden zu Versorgungsbedürftigen erklärt. Das Interesse der Wohlfahrts-

organisationen zielt auf Expansion. Es gibt eine heftige Konkurrenz der Sozialkonzerne um den Seniorenmarkt. Wer etwa mit seinem Angebot »Essen auf Rädern« zuerst da ist, der macht das Geschäft. Und die Altenhilfe ist ein gutes Geschäft. Die Expansionsbedürfnisse der Sozialkonzerne sind grenzenlos, und ihre Maskerade ist genial: Sie können sich darauf berufen, mit guten Werken Handel zu treiben.
Unterstützt werden die Sozialkonzerne bei ihrem Angriff auf die Alten von Politikern und Sozialtechnikern. Ihnen mißfällt, daß Millionen von Menschen nur ungenügend der gesellschaftlichen Aufsicht unterliegen. Die Kindheit ist – schulisch – geordnet. Das Erwachsenenleben ist durch den Beruf geordnet. Nur die Alten sind nicht eingebunden in ein umfassendes Konzept. Für den Staat ist es ein unerträglicher Zustand, daß sich ein Drittel der Bundesbürger außerhalb des Zugriffs erzieherischer, therapeutischer oder versorgender Institutionen befindet. Es besteht »Handlungsbedarf«. Da aber die Mittel für soziale Zwecke knapp sind, darf das Unternehmen Altersplanung nicht teuer werden. Deshalb heißt ein Stichwort »Selbsthilfe«.
Zunächst muß den Alten klargemacht werden, daß sie versorgungsbedürftige Problemfälle sind. Und weil das so ist, brauchen die Senioren erstens Schulung und Erziehung, zweitens soziale Unterstützung und drittens eine psychologische Integrationshilfe. Die Instrumente stehen schon bereit, um den Bedürfnissen der Alten Rechnung zu tragen. Es sind erstens die Altenbildungspflicht, zweitens der Vernetzungszwang und drittens die Therapie.
Diese Instrumente könnten als frei zu wählende Hilfsangebote nützlich sein. Aber da sie verbunden sind mit dem Anspruch der totalen Erfassung, stempeln sie die Alten ab als allein nicht lebensfähige Mängelwesen. Die Alten werden entmündigt, und soweit sie die Dienstleistungen beanspruchen, entmündigen sie sich selbst. Mit dem Ausbau des

Apparats zur Altenkontrolle entsteht der Retortensenior, der keinen Schritt wagt ohne Rückversicherung bei den Experten der Altenhilfe. Die Kontrolle der Alten durch die Jungen wird immer weniger als die Verwahrung im Getto und als Entmündigung begriffen, sondern wie eine Droge gierig eingesogen.

Wenn Alte den Verstand verlieren

Wenn Millionen den Verstand verlieren, was macht man dann? Mit einer Million psychisch kranker alter Menschen rechnen die Statistikexperten in den nächsten Jahrzehnten. In vielen Gebieten werden greise Irrläufer in »beschützenden Abteilungen« eingeschlossen. Das bewahrt sie nach Ansicht der Verantwortlichen vor der Einweisung in die Psychiatrie.

Das Vormundschaftsgericht muß einer Einschließung zustimmen. Die Richter entscheiden auf der Grundlage eines ärztlichen Attests, manche sehen sich die Betroffenen an. So kann man schon heute aus Altersgründen »lebenslänglich« bekommen. Den Richtern ist kaum ein Vorwurf zu machen. Was sollen sie tun? Da ist die alte Frau, die immer wieder durch die Straße irrt und nicht weiß, wo sie wohnt, die zu Hause den Herd brennen läßt und eine ständige Gefahr für ihre Umgebung darstellt. Immer wieder laufen alte Leute aus offenen Heimen weg, manche werden mehrmals am Tag zurückgebracht, klagte jüngst der Leiter eines Frankfurter Altenheims. »Oder sie geistern nachts auf nackten Füßen durch das Heim, legen sich in fremde Betten, nehmen Brillen und Zähne aus den Nachttischen, die ihnen nicht gehören.«

Es gibt einen Pflegeschlüssel, der die Betroffenen in vier Gruppen einteilt. Bei der Pflegegruppe I kommt auf 15 Menschen ein Pfleger, bei der Pflegegruppe IV ist das Verhältnis 3,5 : 1. Sollte eine Gruppe V definiert werden mit dem

Schlüssel von 1 : 1 für die, die den Verstand verloren haben? Ein Heimplatz der Pflegegruppe IV kostet 4000 Mark im Monat. Bei einer Einzelbetreuung wäre mit wenigstens 8000 bis 10 000 Mark zu rechnen, denn es müßten pro Pflegefall zwei bis drei Betreuer eingestellt werden. Ein solches Modell wäre kaum bezahlbar.
Und dann gibt es neben den Verwirrten wenigstens eine Million kranker alter Menschen. Nimmt man alle Pflegebedürftigen zusammen, so müßte man bei einer in jedem Fall optimalen Betreuung die Bevölkerung der Bundesrepublik fast gänzlich aufteilen in Betreuer und Betreute. Der wichtigste Statuswandel im Leben eines Menschen wäre dann der Wechsel vom Pfleger zum Gepflegten.
So wird man dem Problem nicht begegnen können. Die Zahl der Pflegebedürftigen wird nicht sinken in den kommenden Jahrzehnten. Je weniger Familienangehörige die Pflege der Alten übernehmen, je schneller die Bevölkerung schrumpft, desto stärker werden die Senioren die Allgemeinheit belasten. Die moderne Gesellschaft hat sich in ein Dilemma hineinmanövriert: Die Familie, in der Großmutter und Großvater früher bis zu ihrem Tod versorgt wurden, ist in Auflösung begriffen. Die Medizin hat dafür gesorgt, daß die Zahl der alten Menschen wächst. Die Senioren stehen in Massen inmitten der Chromglasmoderne und wollen dabeisein. Den warmen Schutzraum, in den die Alten einst fliehen konnten, vermag ihnen die Gesellschaft nicht wiederzugeben. Sie hat nur staatliche Einrichtungen anzubieten, und diese sind per se unzulänglich und von höchst unterschiedlicher Qualität dazu. Es gibt heruntergekommene Altenheime, und es gibt edle, teure, kühl-komfortable Altenheime. Im günstigsten Fall sind die Alten inmitten kleiner architektonischer Wunderwerke verstaut, sitzen sie zwischen Beton, Glas und Chrom in wattierten Morgenröcken, mit wirrem Haar und gefütterten Pantoffeln. Wie nach Manhattan versetzte Eski-

mos. Als wollte man ihnen, mit dem architektonischen Zaunpfahl winkend, sagen: Ihr seid nicht mehr »in«! Ihr gehört nicht mehr zu uns! Seht in den Spiegel und verschwindet!

In einigen Pflegeheimen werden die Alten schlecht, manchmal brutal behandelt. Regelmäßig werden Altenheimskandale aufgedeckt. Das menschliche Empfinden allerdings verletzt schon der Normalzustand: In einem Heim bei Bonn sitzt ein Dutzend Frauen vor leer gegessenen Tellern. Nach dem Essen stellen sie sich vor den Tellern auf. Mit geübter Bewegung rafft ihnen eine Pflegerin nacheinander den Rock hoch und stopft ihn unter dem Gürtel fest. In dieser Haltung warten dann die Alten, bis Toilettenstühle und ein Wagen, bepackt mit Windeln und Einlagen, in das Speisezimmer gerollt werden.

Dieser entwürdigende Umgang mit alten Menschen ließe sich leicht vermeiden. Die Zukunft der Pflege aber heißt Rationalisierung. Da wird es gewiß keine Pfleger geben, die sich ihrer Aufgabe auf bequeme Art entledigen. In der Zukunft wird es auch kaum schlechte oder brutale Pfleger mehr geben, denn ihre Funktionen werden Apparate übernehmen.

Vielleicht gewinnen manche alten Menschen ihre Würde erst in dem Augenblick zurück, wenn sie aus der Pflegediktatur ausbrechen. Die Greisin, die in ihre Pantoffeln steigt und ziellos durch die Stadt läuft, gilt als verwirrt, sie wird in das Heim zurückgebracht, und die Diagnose des Arztes lautet vielleicht »Alzheimer-Krankheit«. Die Antwort der Gesellschaft auf solche Fluchtversuche zurück ins Leben besteht in der Perfektionierung der Überwachung. Wenn das zu teuer wird, dann müssen die Alten eingeschlossen werden.

Der hessische Landeswohlfahrtsverband hat sich bereit erklärt, für fünfhundert altersverwirrte Menschen einen »Psychatriezuschlag« zu bezahlen. Er kommt Häusern mit geschlossenen Stationen zugute. Zwei Pfleger betreuen dort fünf Patienten. Das Einschließen von verwirrten Senioren lohnt sich, und so wird diese Praxis zunehmen.

Warum hält der Körper bei so vielen Menschen länger durch als der Kopf? Die Mediziner erwidern auf diese Frage, daß dafür die Verkalkung verantwortlich sei. Viele kleine Infarkte im Hirn riefen eine sogenannte Multiinfarktdemenz hervor. Bei der als Alzheimer-Krankheit bekannten Störung führen »neurofibrielle Verklumpungen« dazu, daß der alte Mensch sein Gedächtnis verliert, daß er kaum noch weiß, wie er heißt, daß er Tag und Nacht miteinander verwechselt, von zu Hause wegläuft, seine Wohnung nicht mehr findet, bis schließlich alle höheren Hirnfunktionen aussetzen. Gegen die Krankheit werden Therapien eingesetzt, oder die Patienten werden entmündigt, und sie enden auf geschlossenen Stationen.

Warum fällt zuerst der Kopf aus und nicht die Lunge oder das Herz? Liegt das nicht an dem, was den Alten angetan wird und was sie sich selbst antun? Wer ein, zwei oder mehr Jahrzehnte im sozialen Abseits lebt, ausgespuckt aus dem Berufsleben, widerwillig und spärlich von der Familie besucht, wer wird da nicht verrückt? Die jungen Alten, die ihre Zeit mit lächerlichen Hobbys verplempern und auf der Jagd nach einem gesicherten Lebensabend die Brücke zum Leben hinter sich abbrechen, wie sollen die dem Alterswahn entkommen? Bei manchem Senior mag die Verwirrung ein Stück Abschied vom Leben sein. Vielleicht sprengen andere so die Zwangsjacke der Alltagslogik und der lebenslangen Rationalität? Warum hat die Antike Menschen wie den blinden, alten Theiresias als Seher respektiert? Warum hat sie ihn nicht in einem psychiatrischen Krankenhaus eingesperrt, da er sich nach allgemeinem Verständnis doch keineswegs vernünftig ausdrückte?

Eine schmächtige Frau drückt mit beiden Armen eine große Babypuppe an sich. Sie murmelt pausenlos: »Mein Bubche, mein Bubche, mein Bubche ...« Sie läuft den Gang der Station hin und her, gelangt schließlich durch den Keller auf die Straße. Immer wieder bricht sie aus. Immer wieder bringen Polizisten oder Pfleger sie zurück. Auch nachts. Sie muß immerzu ihr Kind retten. Die Frau im Heim hat nie Kinder gehabt. Sie weiß nicht, wer sie ist, sie weiß nicht, wo sie ist. Aber sie weiß etwas, das für sie wichtig ist: daß sie das Kind retten muß. Dies berichtete die »Frankfurter Rundschau« am 19. Oktober 1988. Niemand wird erfahren, ob die Nichterfüllung des Wunsches nach eigenen Kindern hinter diesem Treiben steht. Es gibt sich keiner die Mühe, diese verwirrenden Lebensäußerungen zu entziffern. In vielen Fällen wäre es vermutlich nicht möglich. Und vielleicht sollten sie das letzte Geheimnis der Alten bleiben. Aber die Tatsache, daß viele Alte den Pfad des als normal Empfundenen verlassen, macht die Jungen nervös. Die Versuchung ist groß, normale Verhältnisse zu schaffen.

Manchmal wird versucht, der Unordnung vorzubeugen. In einem Frankfurter Heim zum Beispiel hat jedes Stockwerk eine eigene Farbe. Datum, Außentemperatur, Namen und Photos der in den Stationen arbeitenden Pfleger sind an zentraler Stelle im Stockwerk festgepinnt. Jeder geistig verwirrte Bewohner hat ein großes, gut lesbares Namensschild an der Tür, so findet er sein Zimmer leichter. Im Zimmer hängt ein Kalender, auf dem in Riesenbuchstaben und -zahlen das Datum angezeigt wird. Spiegel an den Wänden sollen dafür sorgen, daß die Alten sich sehen und erkennen. Das ist gut gemeint, aber es hinterläßt zwiespältige Gefühle: Müssen die Strukturen der Rationalität unbedingt aufrechterhalten werden? Muß ein Ausstieg unterbunden werden? Das ist das Drama: Wenn alte Menschen aus der Spur geraten, stehen die Ambulanzen bereit, sie in fürsorgliche Haft zu nehmen.

Das Pflegeheim wird für jeden dritten Leser dieses Buches der letzte Ort auf Erden sein. Nach menschlichem Ermessen werden es schon in wenigen Jahren sogar die meisten sein, die dort ihr Leben beenden. Dieses Ende ist wohl elender als jenes, das die »Primitiven« ihren Alten bereitet haben.

Die juristische Entmündigung soll demnächst abgeschafft werden. 250 000 Volljährige stehen gegenwärtig unter Vormundschaft, jährlich kommen 3000 hinzu. Die Entmündigung, wie sie heute vollzogen wird, ist in der Tat ein altmodischer Akt. Der geplanten umfassenden Verwaltung der Alten ist dieses Instrument nicht angemessen, die Entmündigung muß modernisiert werden. Und so sieht der Gesetzentwurf, mit dem die Entmündigung beseitigt werden soll, statt dessen die »Betreuung« vor. Durch ein »Alterstestament« soll man schon in gesunden Tagen vorsorglich Bestimmungen für den Betreuungsfall treffen können. Mit anderen Worten, die Senioren sollen ihre Entmündigung künftig selbst planen. Der Weg von der Entmündigung der Alten zu ihrer »selbstverordneten« Zwangsbetreuung ist nichts anderes als die Modernisierung der Seniorenkontrolle.
Die Alten werden ein Stück dritte Welt inmitten der ersten. Wie gesagt, der Umgang der Jungen mit den Alten wird dem Umgang der reichen Länder mit den Entwicklungsländern ähneln. Immer mehr Hilfsgelder werden ausgegeben, aber den Armen geht es schlechter als zuvor. Trotz und vielleicht wegen der wachsenden Investitionen in die Altenpflege wird das Elend der Alten nicht geringer. Die Pflegekatastrophe mag – analog zum Hunger – in Zukunft weit schneller wachsen, als die Expertenhochrechnungen vermuten lassen. Wie die Hungerhilfe die Fähigkeit, sich selbst zu ernähren, ruiniert, so zerstört das umfassende Altenhilfeangebot selbständige Lösungen.
Jean Améry schreibt, der Freitod sei die einzige Antwort auf

diesen Akt der Entwürdigung, den das Ende des Lebens heute mit sich bringe. Er selbst ist diesen Weg gegangen. Von sogenannten Primitiven wird berichtet, daß sich bei ihnen die alten Menschen niederlegten, um zu sterben. Die Fähigkeit zu sterben, wenn das Leben aufgebraucht ist, ist verschwunden. Heute werden Menschen maschinell und pharmazeutisch am Sterben gehindert. Das mag Sehnsucht aufkommen lassen nach den Zeiten, in denen den Menschen die Kraft gegeben war, den Zeitpunkt ihres Todes selbst zu bestimmen.

Aus der unerträglichen Lage in den Pflegeheimen suchen immer mehr alte Menschen den Ausweg in der Selbsttötung. In den letzten zwanzig Jahren ist die Zahl der Selbstmorde bei Menschen über fünfundsiebzig Jahren um vierzig Prozent gestiegen. Vor allem alte Männer sind betroffen, gegen Ende ihres Lebens gehen dreimal so viele Männer in den Freitod wie Frauen. Jeder tausendste alte Mensch bringt sich um, sagt die Statistik. In Wirklichkeit sind es mehr, denn viele alte Leute begehen Selbstmord auf spezifische Weise: Sie weigern sich, lebensnotwendige Dinge zu tun: Der Zuckerkranke verzichtet auf die Insulinspritze, der Herzkranke nimmt die Nitrotablette nicht, oder es unterbleibt der Griff zum Telefon, mit dem Arzt und Ambulanz gerufen werden können. Solche verdeckten Selbsttötungen sind statistisch nicht erfaßt.

In den Industriegesellschaften wächst der Widerstand gegen die Lebenserhaltung durch Apparate. Der Freitod ist ein Ausweg, ein anderer ist eine verschleierte Form der Euthanasie. Sie wird zunehmend durchgeführt werden in den Pflegeheimen und Krankenhäusern. Abschalten oder nicht abschalten? Die öffentliche Meinung wird sich schließlich für eine ärztlich kontrollierte Sterbehilfe aussprechen.

Auf eine eigentümliche Weise nähert sich so die Industriegesellschaft den urzeitlichen Verhältnissen wieder an, in denen die alten Menschen ermordet oder in den Freitod getrieben wurden, wenn die Zeit kam: der Eskimo, der in sein Kajak steigt, um auf die See hinauszupaddeln und dort zu sterben, die alte Japanerin, die von ihrem Sohn auf den Totenberg getragen wird. Die Altentötung tritt durch die Hintertür wieder ein, allerdings in einer modernen Form. Der zeitgemäße Totenberg ist das Altersheim, und statt ins offene Meer hinauszupaddeln, werden Tabletten geschluckt.

Freundlicher ist das Ende des Lebens nicht geworden. Die Zukunft wird aus dem Pflegeheim eine rationell geplante und gesteuerte Sterbeklinik machen. Die Jungen werden die Organisation des Sterbens in die Hand von Experten legen, damit es rationell, billig und schmerzlos vonstatten geht.

Alte auf der Schulbank

Wer von Altenbildung spricht, hat den Beifall auf seiner Seite. Seniorenuniversitäten schießen aus dem Boden, Volkshochschulen bieten Kurse für Alte an, in manchen Betrieben gehört die Teilnahme an Kursen zur »Vorbereitung auf das Alter« zur Phase des Ausstiegs aus dem Berufsleben. Pädagogen treibt die Sorge um, ihnen könnte ein Eldorado durch die Lappen gehen: ein Riesenheer von Menschen, dem man nur klarmachen muß, daß es Bildungsdefizite hat. Alle glauben an die Devise vom lebenslangen Lernen. Da ist es nicht schwer, die Alten als eine Ausbildungswüste zu betrachten, die bewässert werden will. »Lernziel Ruhestand« heißt ein Akademiekurs. Er wird regelmäßig veranstaltet, denn: »Für den sinnvollen Umgang mit dem Übermaß an Freizeit im Alter braucht der Mensch so etwas wie Konditionstraining.« Braucht er das wirklich?

»Mit Systematik ins Alter« ist ein Modell überschrieben, das Methoden für die Planung des Lebensabends anbietet. »Etwa nach dem 58. Geburtstag wird es allmählich Zeit, an das Ruhestandsprogramm zu denken.« Denn das Alter könne nur bewältigen, wer es plane, und dazu gehöre zuerst das »Festlegen der Zielsetzung und Möglichkeiten, die sich einem bieten, das Analysieren der Situation schon jetzt und bei der Pensionierung, ferner das Aufstellen eines Maßnahme- und Finanzplanes, nach denen das gesetzte Ziel erreicht werden soll.« Ein Plan für den Lebensabend mindere die Risiken von Fehlentscheidungen zum Beispiel bei der Suche nach einer angemessenen Wohnung. »Als Voraussetzung für ein ›erfolgreiches Altern‹ sind folgende vier Bereiche möglichst schon von früher Jugend an zu pflegen: Interessen müssen ausgeweitet, die Freizeit muß aktiv gestaltet werden; geistige und körperliche Aktivitäten und die individuelle Regsamkeit müssen sozusagen im Dauertraining angeregt werden; die Persönlichkeit des älteren Menschen muß durch ein positives Selbstbild gekennzeichnet sein. (...) Schließlich müssen befriedigende Sozialkontakte hergestellt, aufrechterhalten und möglichst erweitert werden.«

Altern ist demnach eine physische und psychische Trainingsaufgabe, die intensiver fachmännischer Beratung bedarf. Altenbildung ist das Gebot der Stunde. »Um das Ziel der vollen Teilhabe am Leben auch im Alter zu erreichen, muß die Erwachsenenbildung neben der beruflichen Weiterbildung, neben der Erziehung zur Emanzipation und Selbstbestimmung, neben der Vermittlung des gemeinsamen ›kulturellen Erbes‹ (...) vorrangig das Alter als Aufgabe annehmen«, tönt es an den Volkshochschulen.

Keine Frage, daß Altenbildung im Interesse der alten Menschen liegen kann, keine Frage, daß die »volle Teilhabe am Leben auch im Alter« ein wichtiges Ziel ist. Aber hinter den Forderungen steht das Interesse der Experten und Bildungsinstitutionen. Wer kriegt die Alten? Wem wird es gelingen, sich diese Klientel zu erschließen? In den Medien, in den Akademien, in den Volkshochschulen, auch in den Universitäten wird überlegt, wie dieses Kundenreservoir gewonnen werden könnte. Die Bildungsverkäufer sind im Begriff, sich einen neuen Markt zu erobern, indem sie den alten Menschen das Recht und die Fähigkeit bestreiten, selbständig zu altern. Nur durch eine gute Ausbildung seien die Alten gerüstet für den Alltag der Industriezivilisationen des ausgehenden zwanzigsten Jahrhunderts.

Im »Entwurf eines Rahmenplans zur Altenbildung« des

Volkshochschulverbands steht am Anfang die »Forderung nach lernzielgerechten Lehr- und Lernverfahren für die Altenbildung«. Die Entwicklung von Globalzielen, Richtzielen, Grobzielen und Feinzielen wird skizziert und die Möglichkeit einer Erfolgskontrolle erörtert. Der Rahmenplan argumentiert: »Lernen ist in unserer schnellebigen Zeit eine Voraussetzung, um sich im Leben behaupten zu können. Dies gilt nicht nur für den jungen, sondern gerade für den alten Menschen.« Wenn er nicht lerne, »kann der alte Mensch in der heutigen Welt nicht mehr bestehen«.

Das ist das Argument der Expertokratie: Altern ist ohne die Hilfe von Fachleuten nicht mehr zu bewältigen. Ein Mangel ist aufgedeckt, ein Behandlungsobjekt beschrieben. Neben der Entwicklung von Lehrmaterialien sieht der Rahmenplan unter anderem vor, haupt- und nebenamtliche »Altenbildner« heranzuziehen. Des weiteren werden angesprochen die Entwicklung einer Altendidaktik und die Erarbeitung von »Techniken der Motivierung und der Aktivierung älterer Menschen«.

Der »Entwurf eines Rahmenplans Altenbildung« steht beispielhaft für die Überlegungen der Sozialtechniker. Er markiert den Anfang eines Prozesses, in dem alte Menschen zum Gegenstand eines auf sie zugeschnittenen Bildungssystems werden. Die Altenbildung wird vorerst weder die Quantität noch die Rigidität schulischer Bildung erreichen. Aber die Argumente der Experten für die Altenbildung lassen den Schluß zu, daß aus einem Angebot ein Pflichtprogramm werden könnte. Wenn wir tatsächlich nicht mehr alt werden können ohne die Hilfe von Experten, dann wäre es die Fürsorgepflicht des Staats, das expertenbetreute Altern verbindlich vorzuschreiben. Schulkinder werden auch nicht gefragt, ob sie Lust haben, in die Schule zu gehen. Das ist die Logik der Sozialtechniker. Aber wie wir sehen werden, braucht es keinen direkten Zwang.

Die Institutionalisierung der Altenbildung ist auch deshalb abzulehnen, weil sie den Weg der alten Menschen in die Apartheid unterstützt. In den Einrichtungen der Altenbildung träfen Alte fast ausschließlich auf Alte. Heute kommt die Altenbildung auf leisen Sohlen und gibt sich als freiwilliges Angebot, als Emanzipationshilfe. Sie hinterläßt bei manchen ein unbehagliches Gefühl. Sie fragen sich: Muß ich das nicht mitmachen, kann ich mich davon ausschließen? Der nächste Schritt wird sein: Es geht nicht ohne Vorbereitung auf das Alter. Ich muß mich mit den Möglichkeiten der Altenhilfe vertraut machen. Ich muß mich über eine altersgerechte Ernährung informieren, muß wissen, wie ich mich körperlich und geistig fit halte. Wie wird meine Wohnung altengerecht, und wie sichere ich mich finanziell? Wie verfasse ich mein gesetzlich vorgesehenes Alterstestament, in dem ich mein Leben für den Fall der Verwirrtheit regele? Und dann ist er da, der Selbstzwang, die Kurse der Altenbildung zu besuchen.
Der nächste Schritt: Alte mit qualifizierter Ausbildung in ambulanter Altenhilfe (»junge Alte helfen alten Alten«) ernten gesellschaftliche Anerkennung und verdienen sich sogar etwas dazu – das ist besonders interessant, weil die Renten gekürzt werden. Der letzte Schritt: Wer keine Kurse besucht, wer sich nicht am freiwilligen Seniorenhilfsdienst beteiligt, der kann seinerseits keinen Anspruch auf Altenhilfe erheben. Also nichts wie hin.

Im Schleppnetz der Altenhelfer

Die »Altenhilfe« beschränkte sich in früheren Zeiten auf zweierlei: auf das Almosen und auf das Asyl. Verarmte Alte mußten sich von den Reicheren etwas erbetteln und, wenn sie keine Bleibe hatten, in einem Asyl Unterschlupf suchen. Das Grimmsche Märchen von den Bremer Stadtmusikanten erinnert an die Zeiten, in denen Altern Hunger und Elend für die bedeutete, die nicht in einer Familie das Gnadenbrot verzehren konnten.

Heute ist die Altenhilfe eine Wachstumsbranche. Seit dem Zweiten Weltkrieg ist die Zahl der Heimplätze explosionsartig angewachsen. Neben die stationäre Altenhilfe ist, besonders in den letzten Jahren, ein differenziertes Angebot an ambulanten Hilfen getreten. »Essen auf Rädern« ist das bekannteste Beispiel. In vielen Gemeinden sind Mobile Soziale Hilfsdienste (MSH) eingerichtet worden: Die Senioren können von den Wohlfahrtsverbänden Dienstleistungen abrufen, die meist von Zivildienstleistenden ausgeführt werden und die gegen eine Gebühr zu bekommen sind. So kann man sich die Mülltonne an die Straße bringen oder die Wohnung von Zivildienstleistenden reinigen lassen. In der Bundesrepublik arbeitet überdies ein inzwischen gut ausgebautes Netz von Sozialstationen, in denen unter anderem Krankenschwestern und Sozialarbeiter Hilfe bieten etwa im Fall einer vorübergehenden Krankheit. Die ambulanten Dienste sind entstanden, um die alten Menschen möglichst lange vor dem Heim zu bewahren. Das ist für die Kommunen günstig,

da der Pflegeheimplatz meist teurer ist als die ambulante Betreuung. So weit, so gut.
Der Eindruck wird aber getrübt, wenn man sieht, mit welcher Vehemenz die Sozialkonzerne gegeneinander konkurrieren um den Altenmarkt. Der Verkauf ambulanter Dienste in der Altenhilfe ist – besonders wenn man ihn mit billigen Zivildienstleistenden betreibt – ein gutes Geschäft.
Jan Améry hat beschrieben, wie die Versorgungseinrichtungen ihren Sog entfalten:

> »Die Gesellschaft mag ihn [den Alten] betreuen mit sozialer Fürsorge oder auch durch die Beschaffung einer Halbtagsbeschäftigung, die ebensogut unterbleiben könnte. So dumm ist er nicht, daß er nicht wüßte, wie man ihn gerade nur gewähren läßt, wie er Last ist und unnützer Esser. Er wird vielleicht betreut werden, das ist natürlich besser, als wenn man ihn sich selbst und seiner kargen Rente überließe. Klänge es nicht so vermessen, röche es nicht so penetrant nach reaktionärer Unverschämtheit, man würde aber hinzusetzen, daß sein Elend und seine soziale Isoliertheit noch seine Unbill sind, die ihm ein Ich – der Klage und Anklage – konstituieren, während Betreutheit und Versorgtheit ihn vor sich selbst zum anderen machen: zu einem Geschöpf totaler gesellschaftlicher Determination, der seiner Mit- und Gegenwelt nicht einmal mehr ein schlechtes Gewissen zu bereiten vermag.«

Das trifft den Nagel auf den Kopf. Auch der Ausbau der offenen Altenhilfe soll beitragen zur administrativen Kontrolle und Klientelisierung der Alten. Immer mehr Senioren geraten in das Schleppnetz der Wohlfahrtskonzerne und werden an Bord der Seniorenfänger zu Versorgungsfällen verarbeitet. Der gesellschaftliche Konsens über die Notwendigkeit dieser Altenhilfe ist nicht zu übertreffen. Jede Kritik wird abgetan als reaktionär und unsozial oder als naiv!

Schon die ambulanten Dienste machen aus den Alten eine Spezialgruppe. Die Altenhilfe, die auch eine gigantische Arbeitsbeschaffungsmaßnahme ist, »seniorisiert« die Alten durch ein großes Angebot von Sondermaßnahmen. Sie sondert sie erst ab, um sie dann höchst offiziell in die Gesellschaft zu »integrieren« – durch die Altenhilfe.
Am Horizont erscheint die Gestalt eines *homunculus senex*, eines Retortenalten. Er vermag sich ein Altern nicht vorzustellen, ohne dabei eine Fülle von Sonderserviceleistungen zu beanspruchen. Der *homunculus senex* wird sich in Kursen auf das Alter vorbereiten. Er wird den Anweisungen der Ernährungsexperten folgen und sich durch Seniorengymnastik fit halten. Er wird altersgerecht wohnen, altersgerecht reisen und ein altersgerechtes Hobby pflegen. Gegebenenfalls wird er einen Alterstherapeuten oder Geragogen aufsuchen. Er wird mit Hilfe von »Essen auf Rädern« usw. so lange wie möglich in seiner Wohnung ausharren, um schließlich, wenn keine Krankheit den planmäßigen Verlauf stört, in Kenntnis der Kübler-Rossschen Sterbestufen auch den letzten Lebensabschnitt erfolgreich und kompetent zu absolvieren.
Es soll hier nicht bestritten werden, daß es spezifische Schwierigkeiten geben kann, wenn ein Mensch alt wird, und diese Schwierigkeiten dürfen nicht ignoriert werden. Natürlich gibt es Alte, die ohne fremde Hilfe nicht leben können, wobei ihre Zahl geringer sein dürfte, als die Berechnungen der Wohlfahrtsverbände ausweisen. Zu bestreiten ist aber, daß die Feststellung, diese Armen und Hilfsbedürftigen seien »Alte«, etwas zur Klärung der Lage beiträgt. Daß sie arm und auf Hilfe angewiesen sind, sagt zunächst einmal etwas über ihre wirtschaftliche Lage aus und sonst nichts. Das ist kein Thema für Gerontologen.
Wer zum Beispiel ist angewiesen auf »Essen auf Rädern«? Kaum die pensionierte Studienrätin, sie kann essen gehen,

sich aus der nahe gelegenen Pizzeria etwas kommen lassen oder beim Lebensmittelhändler Tiefkühlkost erstehen. Eine Witwe mit siebenhundert Mark Rente kann sich das nicht erlauben. Vor ihrem Haus hält dann ein Wagen eines Wohlfahrtsverbandes, dessen Fahrer ein Essen bringt. Es läßt sich nur ahnen, was dieses Essen effektiv kostet – einschließlich der verborgenen Kosten, die der Wohlfahrtsverband verursacht. In München zum Beispiel wird ein »Essen auf Rädern« verteilt, das aus Hamburg herbeigeschafft wird. Wem nutzt dieser teure Umweg außer expansionswütigen Sozialkonzernen? Wären nicht viele Hilfen überflüssig, wenn man allen Rentnern so viel auszahlen würde, daß sie sich selbst versorgen könnten? Würde die Statistik der Altenhilfe um die Fälle bereinigt, in denen Hilfe beansprucht wird, weil das Geld knapp ist, dann würde die Zahl der Bedürftigen beträchtlich schrumpfen. Aber kein Zweifel, das wachsende Angebot wird sich seine Nachfrage schaffen.
Die Heimordnung eines hessischen Altenheims verbietet es den Bewohnern, die Betten zum Lüften ins Fenster zu legen. Die Betten – so steht es in der Ordnung – könnten auf die Straße fallen, einem Auto vor die Windschutzscheibe geraten, und schon wäre die Katastrophe da. Das Beispiel klingt skurril. Aber es deutet an, daß selbst absurde Unglücks- und Katastrophendrohungen ihre Wirkung nicht verfehlen. Das gilt besonders für alte Menschen, deren abnehmende physische Kraft sie zur Vorsicht mahnt. Entmündigung im Alter muß kein Akt offener Unterdrückung durch Verwandte, durch Pflegepersonal oder durch staatliche Stellen sein. Die Angst, hilflos zu sein, fördert die Bereitschaft bei alten Menschen, sich in die Obhut eines Versorgungsapparats zu begeben. Die Angst vor der Hilflosigkeit ist der beste Verbündete der Sozialtechniker.
Das ist das Dilemma fast aller Hilfsangebote an alte Menschen: daß sie deren Abhängigkeit und Entmündigung

vorantreiben. Hilfe kann alten Menschen Erleichterung in der Not bringen, und sie kann eine Falle sein. In einer Gesellschaft, die auf den Verbrauch von Waren und Dienstleistungen getrimmt ist, fällt es den Menschen schwer, sich der Angebotsflut zu entziehen. So mancher Schaufensterbummel führt zum Kauf von Waren, die man zuvor nicht haben wollte. So mancher Blick auf die Offerten der Dienstleistungsindustrien verführt dazu, sich auf ein Geschäft einzulassen, das man nicht mehr beenden kann. Wie schwer etwa mag es manchen alten Menschen fallen, »Essen auf Rädern« wieder abzubestellen nach einer überstandenen Krankheit? Abhängigkeit ist bequem, aber sie ist wie eine Droge. Sie tötet den Geist und mit ihm die Selbständigkeit. Sie steht am Anfang des Dämmerschlafs, in dem die Alten dem Tod entgegensiechen.

Der bekannte Zivilisationskritiker Ivan Illich schreibt:

> »Es wäre vermessen, vorhersagen zu wollen, ob man sich an diese Epoche, da die Bedürfnisse nach den Plänen von Experten geformt wurden, mit einem Lächeln oder mit einem Fluch erinnern wird. Was mich angeht, so hoffe ich natürlich, daß man sich daran erinnern wird wie an eine Nacht, in der Papa das Vermögen der Familie versoff und damit seine Kinder zwang, neu anzufangen. Sehr viel wahrscheinlicher ist leider, daß man sich daran erinnern wird als an die Zeit, da unsere räuberische Jagd nach dem Reichtum alle Freiheiten käuflich machte und Politik, nur noch als habgierige Nörgelei von Wohlfahrtsempfängern artikuliert, in der totalitären Expertenherrschaft unterging.«

Die Altenhilfeexpertokratie sendet ihre Missionare aus in die noch nicht erforschten Altengebiete, um sie zu erschließen. Die Lebensbedingungen der Eingeborenen in den Seniorenregionen werden dürftig sein. Die Alten werden meist auf Selbsthilfe angewiesen sein. Jungsenioren werden den Altsenioren helfen. Dann sind sie alle im Schleppnetz der Altenhelfer. Sie werden Alarmknöpfe in ihren Wohnungen haben, die sie einmal am Tag drücken müssen, sonst kommt der Notdienst und sieht nach. Viele Alleinstehende werden die Überwachung begrüßen. So werden die Alten selbst ihre Verwaltung und Kontrolle beklatschen.

Sterbetherapie

Neue Möglichkeiten der Computermedizin zeichnen sich am Horizont ab. Unter der Devise »Kosteneinsparung und Selbsthilfe« werden die Senioren bald in den Genuß weiterer Errungenschaften dieser Branche kommen. Der »brain mirror« zum Beispiel ist ein Gerät zur psychiatrischen Selbstbehandlung. Ein Bildschirm zeigt dem Patienten ständig seine mentalen Werte an und rät zu bestimmten Maßnahmen. Der Patient gibt Daten ein, der Computer antwortet. Die Gestalttherapie ist eine Vorform der elektronischen Psychiatrie. »Der Therapeut verhält sich wie ein Monitor«, heißt es in einer Einführung in die Gestalttherapie. Der Patient erblickt im Apparat sich selbst und seine Krankheit. Ein Psychiater für alle. Das ist nur der Anfang. Bald bedarf es des Therapeuten nur noch in Spezialfällen.

Wieweit das Sterben heute schon therapeutisch überwacht wird, zeigen Erklärungen der gerontologischen Fachverbände. Da heißt es zum Beispiel: »Sterbebegleitung kann nicht ohne Sterbevorbereitungen erfolgen.« Wer ins Leben treten will, braucht Abitur oder mittlere Reife, wer in die ewigen Jagdgründe wechseln will, braucht Sterbeschulung – glaubt man der Deutschen Gesellschaft für Gerontologie. Die Behauptung signalisiert, daß auch die letzte Lebensnische professionell ausgeleuchtet werden soll. Prävention von der Wiege bis zur Bahre. Professionell ist auch die Sprache der Sterbefachleute: Sie reden von »Zielgruppe«, »Vorbereitungstechniken«, »Einstellungsänderung«, »Entwicklungsaufgaben«, »Curriculum«, »Supervision«, »Modelleinrichtungen«. Der Instrumentenkoffer der expertokratischen Problemlösung ist geöffnet, dem Tod kann zu Leibe gerückt werden. »Auch wer mit Sterbenden umgeht, braucht Erfolgserlebnisse.« So steht's in der schon zitierten Resolution. Fachleute bemühen sich um die Abschaffung des unordentlichen, spontanen und unbegleiteten Sterbens. Das Sterben ist ein noch wenig beackertes »Problemfeld«, es ruft nach Lösungen, nach Softwarepäckchen, das die Überfachleute den Unterfachleuten »an die Hand geben« können. »Einsam sterben – warum?« nennt sich ein neues Buch von der gerontologischen Front. Es will uns mitteilen: Da wird noch immer ungeordnet gestorben, ohne daß die technischen und therapeutischen Voraussetzungen für einen von Expertenhand überwachten Abgang gegeben sind. Gewiß, wer will in der vielzitierten Krankenhauskammer sterben? Aber der Weg aus dieser Kammer soll in die Hände der Sterbedidaktiker führen. In den Krankenhäusern wird das Sterben heute vor allem als eine Entsorgungsaufgabe begriffen. Die Narkotisierung des Todes erreicht mit der Einführung der professionellen Sterbehilfe eine neue Stufe. Nicht mehr das Schmerzmittel allein dämmt den Schrecken des Todes ein, sondern auch eine spezielle therapeutische Behandlung durch geschultes Personal. Der Sterbende muß sich nicht mehr nur mit den medizinischen Angriffen auf seine Souveränität auseinandersetzen, sondern auch mit subtilen psychotechnischen Versuchen, aus ihm ein Objekt der Behandlung zu machen. Die Pfleger kommen mit Schläuchen und mit Gesprächstechniken. Den Schlauch kann man abreißen, den Moribundenarbeiter (Vorschlag für eine Berufsbezeichnung analog zum Sozialarbeiter) wird man nicht los. Er will mir meine »persönliche Todesprägung« ermöglichen. Die werde ich aber nur haben, wenn ich meinen didaktisch versierten Gesprächspartner zum Teufel jage – und wenn es das letzte ist, was ich tun kann.

»Während der folgenden Sitzung wird geübt, wie man eine negative oder traurige Nachricht überbringen kann. Für die Gespräche mit den Sterbenden ist dies sehr wichtig, und zwar im Hinblick auf die Vermittlung oder Besprechung der Wahrheit. Die Teilnehmer sollten dabei lernen, welche Methodik zu bevorzugen ist.« Das schreibt der holländische Sterbespezialist Paul Sparken in seinem Buch »Training für den Umgang mit Sterbenden«. Sie haben an alles gedacht: death control. Die Überwachung des Sterbens durch Experten umfaßt gegenwärtig zwei Gebiete:

- Definition von Sterbestufen (Erarbeitung eines Sterberasters, auf dessen Grundlage der Experte tätig werden kann) und
- Sterbebegleitung durch Personal, das den zu erwartenden Ablauf kennt und den Sterbenden daher reibungslos aus dem Leben steuern kann.

Am Anfang eines Sterbeprogramms muß eine praxisgerechte Todesdefinition stehen. Die Weltgesundheitsorganisation unterscheidet 140 Todesursachen, die in vier Hauptkategorien unterteilt werden: natürlicher Tod, Unfall, Mord, Suizid. Elisabeth Kübler-Ross hat eine Pionierleistung für die professionelle Sterbehilfe erbracht, als sie die typischen Stufen der Vorbereitung des Menschen auf das Sterben herausarbeitete. Auch der weniger bekannte Joep Munnichs hat sich auf diesem Gebiet hervorgetan.

Kübler-Ross	*Munnichs*
1. Nicht-wahr-haben-Wollen	1. Nicht-zur-Kenntnis-Nehmen
2. Zorn	2. Flucht
3. Verhandeln	3. Ausweichen
4. Depression	4. Ruhe bewahren
5. Zustimmung	5. Zustimmung

Wir wollen uns nicht aufhalten mit einer Bewertung der Geisteshaltung, bei der Sterbende interviewt und zu Objekten der empirischen Sozialforschung und wissenschaftlichen Profilierung gemacht werden.
Die Sozialtechniker werden nicht zögern, für jede Sterbestufe einen Experten zu schulen, damit nichts dem Zufall überlassen bleibt. Die Verhöhnung der Sterbenden, natürlich in bester Absicht, geht noch weiter. In einem »tabellarischen Überblick über Lernziele in der Ausbildung für den Umgang mit Sterbenden« von Uwe Koch und Christoph Schmeling stehen folgende Sätze:

> »Der Teilnehmer soll lernen, in angemessener Form mit Sterbenden zu kommunizieren. In diesem Rahmen soll er:
> 1. den Prozeßcharakter der Auseinandersetzung eines Patienten mit seinem Tode kennen und in der Kommunikation berücksichtigen;
> 2. aus den Äußerungen des Patienten die richtigen Zeitpunkte für die offene Kommunikation (bzw. die Aufklärungsschritte) erkennen können;
> 3. in der Lage sein, mit dem Patienten offen zu kommunizieren (bzw. ihn aufzuklären) und ihm dabei einen Rest Hoffnung lassen;
> 4. in der Lage sein, dem Patienten das Gefühl zu vermitteln, daß alles, was möglich ist, für ihn getan wird;
> 5. als eine geeignete Gesprächstechnik für diese Situation ein nondirektives unterstützendes Gesprächsverhalten kennen und beherrschen.«

Die Wendungen »ihm dabei einen Rest Hoffnung lassen«, »Gesprächstechnik«, »beherrschen« lassen ahnen, daß die Pädagogisierung des Sterbens die nackte Repression darstellt. Sie geniert sich nicht, mit der Selbstbestimmung der

Sterbenden hausieren zu gehen, nachdem sie diese beseitigt hat. Die Entmündigung des Sterbenden mit Hilfe von Apparaten und Psychotechniken beseitigt die Chance eines selbstbestimmten Todes. Der lernzielorientierte Tod ist kein Ausrutscher: Die Abschaffung des Lebens erfährt ihre logische Fortsetzung im pädagogischen Zugriff auf das Sterben.

Nachwort

Das Thema dieses Buches ist die dramatische Veränderung der Altersstruktur unserer Gesellschaft und die sich daraus ergebenden Folgen in naher und in ferner Zukunft. Solange die Menschen denken können, gab es viele Kinder und wenige Alte. Die stabilen Verhältnisse sind dahin. Es ist zu vermuten, daß der soziale Frieden zwischen den Generationen demnächst beendet sein wird. Wird der Kampf zwischen der jungen Minderheit und der alten Mehrheit, der heute schon verdeckt einsetzt, offen ausbrechen?

Der Antagonismus zwischen jung und alt entsteht in einer Zeit, in der die moderne Industriezivilisation ihrer größten Erschütterung entgegengeht. Die ökologische Krise droht sich mit dem Generationskrieg zu verbinden. Sie haben gemeinsame Wurzeln: den Konsumwahn und die Reduzierung des Menschen auf seine privaten Interessen. Wenn beide Krisen sich miteinander verflechten, beschleunigt sich die Talfahrt. Aber es gibt auch Chancen, dem Ende zu entkommen. Es ist kein Happy-End angesagt, aber es lassen sich helle Flecken in einer dunklen Zukunft ausmachen.

Die Familie ist kaputt. Während undenklicher Zeiten bildete sie das Grundmuster des sozialen Zusammenlebens der Menschen. Übriggeblieben sind abgeschobene Alte, konsumsüchtige Erwachsene, vernachlässigte Kinder, überstrapazierte Paarbeziehungen. Wer noch in einer Familie lebt, stöhnt unter dem Joch der Tyrannei, wer draußen ist, klagt über die Schwierigkeit, eine neue soziale Heimat zu finden.

So, wie in der Literatur des neunzehnten Jahrhunderts das Drama der bürgerlichen Ehe zwischen Treue und Emotion in den Mittelpunkt rückte, so beginnt sich heute in der Gegenwartsliteratur der Zerfall der Familie abzubilden, wie etwa in Christoph Heins Roman »Drachenblut«:

> »Viertel nach acht erschien Karla, die Schwester. Wie immer stürzte sie in mein Zimmer und sagte, daß sie sich ein kleines bißchen verspätet habe, ich wüßte ja, die Kinder. Karla verspätet sich jeden Tag ein kleines bißchen und immer mit einem Hinweis auf ihre Kinder. Vermutlich erwähnt sie ihre Kinder in der Annahme, bei mir ein schlechtes Gewissen zu wecken. Sie ist dieser Typ Frau, der unbeirrt an der Mutterrolle festhält. Das kuhäugige, warme Glück, das lassen wir uns nicht nehmen, da weiß man doch, wozu man lebt. Für die Kinder, die für die Kinder leben, die für die Kinder. Offenbar ist die Menschheit einem Zirkelschluß aufgesessen. Die Generationsfolge – ein Ergebnis falscher Prämissen. Der Teufel als Meister der Syllogistik. Das könnte ein hübsches Erwachen geben. Vorerst aber haben wir einen Lebenssinn. Jedenfalls Karla. Sie weiß auch genau, warum meine Ehe geschieden wurde. Sie ist überzeugt, daß mein Mann mich verließ, weil ich ihm keine dicken Kinder in die Welt setzte oder weil ich keinen dicken Busen habe oder weil ich mich nicht schminke.«

Eine Rückkehr zur Familie wird es nicht geben. Wie das Neue aussehen wird, ist schwer vorherzusagen. Sicher ist nur, daß ruiniert ist, was früher selbstverständlich war. Warum eigentlich Kinder? Warum Versorgung der Eltern in der Familie? Zurück bleiben Vereinzelte: Single-Kinder, Single-Erwachsene, Single-Senioren.
Was kommt jetzt? Vielleicht fundamentalistische Sekten, wie

sie in manchen Konzernspitzen schon Einzug halten? Oder mafiaähnliche Zusammenschlüsse, in denen »Geschäftsfamilien« und »Paten« an die Stelle der Blutsbande treten? Im besten Fall wird es möglicherweise »Wahlverwandtschaften« geben, die an die Stelle natürlicher Bindungen treten. Gegen das, was uns droht, ist es im Wolfsrudel vergleichsweise überschaubar zugegangen.

Das christliche Abendland stützte sich auf zwei Einrichtungen: auf die Familie und auf den Nationalstaat. Beide sterben. Die Familie kennt keine Interessen mehr, die sie zusammenhalten könnte, der Weltmarkt macht dem Nationalstaat den Garaus. Die Gesellschaft zerfällt in Lobbys.

Am Ende des Jahrhunderts wird es so viele Scheidungen wie Heiraten geben, die Mehrfachehe wird die Normalform sein. Es werden dann nur noch der Papst und die Familienministerin glauben, daß die Familie eine naturgegebene und dauerhafte Lebensform sei. Nicht nur der emotionale, auch der juristische und naturrechtliche Untergrund der Familie zerbröselt vor unseren Augen. Man kann in der Zeitung lesen, daß aufgrund gentechnischer Manipulationen eine Frau ihren Bruder geboren hat. Mehr als zehntausend Kinder sind heute auf der Welt, die »in vitro« – im Glas – gezeugt worden sind. Die Tür zu einer Kinderzucht jenseits der Familie ist aufgestoßen.

Die Beerdigungsunternehmer klagen über das rasche Anwachsen des Wunsches nach anonymer Beerdigung. Namenlose Grabstätten entheben die Nachkommen von der Pflicht, sich um die Verstorbenen zu kümmern. Grabpflege ist ein normaler Service vieler Gärtnereien.

Die Jungen werden die Alten auf knappe Kost setzen, sie werden ihnen Rechte nehmen, und die Alten werden sich, so gut es geht, gegen Einschränkungen wehren. Die Jungen haben von den Alten gelernt, daß Konsum den Sinn des Lebens darstellt. Wenn es dabei bleibt, wird es in Zukunft einen erbitterten Kampf geben. Größtmöglicher Konsum der Jungen heißt größtmögliche Einschränkung der Alten. Es könnte der Tag kommen, an dem die Jungen sagen: Wir haben die Forderungen der Alten satt, ihre nicht endende Sucht nach Versorgung und Subventionen. Wir ziehen in der Gesellschaft eine Linie; auf der einen Seite die Alten, auf der anderen Seite die Jungen. Wir geben euch ein Viertel des gemeinsamen Kuchens. Teilt ihn unter euch auf. Mehr gibt es nicht. Möglicherweise haben die Alten aber an diesem Tag die parlamentarische Mehrheit. Die Aussichten wären schlecht für eine friedliche Durchsetzung dieser Forderung der Jungen.

Eine geringe Hoffnung bleibt. Das Ende der Familie schließt auch die Chance eines Neuanfangs ein. Der Potlatsch ist eine Zeremonie der Indianer an der Nordwestküste der Vereinigten Staaten gewesen, bei der ein Häuptling den anderen auszustechen und zu demütigen versuchte, indem er ihn im Wegschenken und Vernichten von begehrten Gegenständen und Reichtümern übertraf. Wie wäre es mit einem Potlatsch zwischen den Generationen? Wie wäre es, wenn beide Seiten in einer Nacht das Erbe der Väter versaufen würden, um einen Neuanfang zu finden? Eine gemeinsame Potlatschflucht aus einem Leben, das sich in der Konkurrenz um Konsum und Versorgung erschöpft? Zugegeben, es sind kaum Anzeichen zu erkennen für einen solchen Aufbruch in eine menschliche Gesellungsform. Wächst da nicht eine Generation auf, die die Alten lediglich im Konsumrausch zu übertreffen versucht?

Je umfassender die Fürsorge ist, desto schwieriger ist der Ausbruch in ein riskantes, selbstbestimmtes Leben. Aber der Ausbruch ist jeden Tag möglich. Wir brauchen nur nein zu sagen. Unendlich leicht und unendlich schwer. Aufbruch in eine Kultur der Verweigerung. Aufbruch in eine menschenwürdige Zukunft, in der Freundschaft die Familie ersetzt.

In George Bernard Shaws Komödie »Haus Herzenstod« hält ein alter Kapitän einem Jungen den Spiegel vor:

»Kapitän: Das Interesse eines Menschen an der Welt ist nur, was von seinem Interesse an sich selbst übrigbleibt. Solange man Kind ist, ist der Krug noch nicht voll, und man kümmert sich nur um seine eigenen Angelegenheiten. Wenn man erwachsen ist, fließt der Krug über, und man wird Politiker, Philosoph, Entdecker oder Abenteurer. Im Alter trocknet der Krug aus. Er fließt nicht mehr über. Man wird wieder Kind. Ich kann Ihnen sagen, was mir von meinem Verstand noch im Gedächtnis geblieben ist, nichts als Kratzer und Abfall. Und ich kümmere mich nur noch um meine eigenen kleinen Bedürfnisse und Stekkenpferde. Ich sitz' da und arbeite an meiner alten Idee, die Menschheit zu vernichten. Ich sehe, wie meine Töchter und ihre Männer ein törichtes Leben führen, romantisch, sentimental, versnobt. Ich sehe euch, die jüngeren, wie ihr euch von der Romantik, der Sentimentalität und dem Snobismus ab- und dem Geld, dem Komfort und dem verdammt gesunden Menschenverstand zuwendet. Ich war zehnmal glücklicher auf meiner Brücke im Taifun oder in der Arktis, monatelang eingefroren in Eis und Dunkelheit, zehnmal glücklicher, als Sie und die anderen es jemals sein können. Sie suchen einen reichen Mann. In ihrem Alter suchte ich Mühsal, Gefahr, Schrecken und Tod, um das Leben in mir noch stärker zu spüren. Ich ließ mein Leben nicht von Todesfurcht beherrschen, und mein Lohn war, daß ich mein Leben lebte. Sie lassen ihr Leben von der Furcht vor Armut beherrschen, und Ihr Lohn wird sein, daß Sie zu essen haben, aber leben werden Sie nicht.«

Literatur

Wolfgang Buff danke ich für zahlreiche Anregungen, die in den vorliegenden Text eingeflossen sind. Ruth Breuer und Wilfried Lamparter waren bei der Materialbeschaffung behilflich.

Vor allem folgende Publikationen sind zu Rate gezogen worden:

Jean Améry, Über das Altern; Revolte und Resignation, Stuttgart 1987
Philippe Ariès, Geschichte der Kindheit, München und Wien 1975
Ders., Studien zur Geschichte des Todes im Abendland, München 1976
Simone de Beauvoir, Das Alter, Reinbek 1977
Arno Borst, Lebensformen im Mittelalter, Frankfurt 1979
Elias Canetti, Masse und Macht, Frankfurt 1980
Deutsches Zentrum für Altersfragen e. V. (Hg.), Altwerden in der Bundesrepublik Deutschland, Bd. I–III, Berlin 1982
Will und Ariel Durant, Kulturgeschichte der Menschheit, Bd. 1–18, München 1981
Götz Eisenberg, An den Rändern. Abseitige Texte aus zehn Jahren, Gießen 1988
Samuel N. Eisenstadt, From Generation to Generation, New York 1956
Hans Magnus Enzensberger, Ach Europa! Wahrnehmungen aus sieben Ländern. Mit einem Epilog aus dem Jahre 2006, Frankfurt 1987
Meyer Fortes, Ödipus und Hiob in westafrikanischen Religionen, Frankfurt 1966
Michel Foucault, Überwachen und Strafen, Frankfurt 1977
Marianne Gronemeyer. Die Macht der Bedürfnisse, Reinbek 1977
Ivan Illich u. a., Entmündigung durch Experten, Reinbek 1979
Ulrich Koch und Christian Schmeling, Ausbildung für den Umgang mit Sterbenden, in: Ernst Engelke u. a. (Hg.), Sterbebeistand bei Kindern und Erwachsenen, Stuttgart 1979
Mark Münzel, Gejagte Jäger, Aché und Mbia, Roter Faden zur Ausstellung, Frankfurt 1983
Leopold Rosenmayr, Die späte Freiheit, Berlin 1983
Heinrich Schurtz, Altersklassen und Männerbünde, Berlin 1902
Bernhard Streck, Wörterbuch der Ethnologie, Köln 1987
Ingeborg Weber-Kellermann, Die deutsche Familie, Frankfurt 1982
Edward Westermarck, Ursprung und Entwicklung der Moralbegriffe, Leipzig 1907 und 1909